桃花夭夭，灼一世芳华

古代蕙心女子的诗情词韵

彭敏哲 著

北方联合出版传媒(集团)股份有限公司
万卷出版有限责任公司

ⓒ 彭敏哲　2024

图书在版编目（CIP）数据

桃花夭夭，灼一世芳华：古代蕙心女子的诗情词韵 / 彭敏哲著. — 沈阳：万卷出版有限责任公司，2024.8
　ISBN 978-7-5470-6435-1

Ⅰ．①桃…　Ⅱ．①彭…　Ⅲ．①女性—名人—生平事迹—中国—古代　Ⅳ．①K828.5

中国国家版本馆CIP数据核字（2023）第244155号

出　品　人：	王维良
出版发行：	北方联合出版传媒（集团）股份有限公司
	万卷出版有限责任公司
	（地址：沈阳市和平区十一纬路29号　邮编：110003）
印　刷　者：	辽宁新华印务有限公司
经　销　者：	全国新华书店
幅面尺寸：	145mm×210mm
字　　数：	140千字
印　　张：	6.5
出版时间：	2024年8月第1版
印刷时间：	2024年8月第1次印刷
责任编辑：	朱婷婷
责任校对：	刘　洋
装帧设计：	张　莹
ISBN 978-7-5470-6435-1	
定　　价：	42.00元
联系电话：	024-23284090
传　　真：	024-23284448

常年法律顾问：王　伟　版权所有　侵权必究　举报电话：024-23284090
如有印装质量问题，请与印刷厂联系。联系电话：024-31255233

序一

一位文艺女先阅读她喜欢的女性文学故事，再风神摇曳地说给人听，古今才女异代相知，灵犀相通，好像穿越了时空。从十八九岁写到而立之年，从情窦初开写到为妻为母，从大一新生写到硕士博士副教授，情怀依然丰满如少女，文笔依然妙笔生花，只是思想和学识增益了许多，人生的积累丰厚了许多。这是我门下最具文艺情调和文艺才华的学生——彭敏哲。我曾在赠敏哲词的序中说：

> 敏哲从余读硕读博，忽远赴中国海洋大学矣。其人如其名，敏而多思。善选题写论文，在同龄学子中早露头角。科研学术之外，耽诗词，好文艺，常以美文惊艳师友，常于诗词赛事折桂，长有琴箫弹唱之雅。其夫欧阳子，电力学博士，隐约有姜白石风神意蕴。二人雅好多同，缘文艺而相识，方知株洲同乡也，遂以身心相许。时弄诗词琴箫于潇

> 湘之浦、苍梧之野、白云山麓、伶仃洋畔、秦淮河上、东海之滨……唯此际欧阳任职于南京,敏哲执教于青岛,海天相隔,平平仄仄的浅斟低唱里,小别轻分的惆怅驰荡着山水清音,柴米油盐的琐碎料理着庄生远梦,岁月心期的故事,在蓝天碧海中放飞,唯远志深情依旧。文学与艺术、人文与科技,原来可以如此淡泊相逢、亲密相遇(效敏哲风神摇曳体呵呵)。

回想当初我接收敏哲读硕士,其实首先是读了她几篇"专栏文章"(现已收入此书)——好摇曳的文笔,好优雅的情怀,好诗意的叙事。这女生太善于走近历史、走进故事、走入心灵,又能轻盈灵动地跳出,调皮又认真地俯瞰审视,纵横捭阖地联想评论抒怀写意,字里行间活色生香,兰心蕙质,美丽人的感观,纠结人的心绪,温润人的情怀——于是我特别想收之为徒。

后来发现她会自主选题写论文,就接收她硕博连读。但看到她时不时发表些性情散文,欣赏之余,又担心影响论文进展,就劝她先专心学术。现在,她的博士论文已经出版,论文成果比较丰硕,在同辈学人中较早崭露头角,正渐渐走向优秀。她的旧体诗词也已进入比较优秀的诗者行列,在诗词界知名度渐增。我当然很欣慰,只是一想到曾限制她写性情美文,就有些不安,但愿她能保有这方面的天分才情并常能展现。

此次收到她结集的作品，文笔优雅自不必说，选题立意也颇为独特，每篇文章以一首诗词作为切入点，由此进入女性诗人与男性、与诗歌的人生故事中，其中既有对诗词作品的品析玩味，也有对生命故事的演绎叙说，时而显现作者的慧见巧思与人文情怀。在对诗词的选取上，选择"有故事"的诗词；在对人物的择取上，兼取"热门"和"冷门"的才媛闺秀，以增加内容的趣味性、丰富性和创新性。总之，这是一本才情斐然的诗歌鉴赏集，也是一卷可读性很强的女性传奇，其中浸满了对爱情、对生活、对人生的美丽向往和深深浅浅的忧伤，深蕴着知性的思考和理解。

中山大学张海鸥叙于癸卯雪月

序二

翻开这一页,一如拨开一段芬芳岁月:在暄妍的春日里,桃之夭夭,灼亮一树花光,你与春风皆过客,只有回风流雪的刹那芳华翩然过眼,留下落红成阵,入土为尘。

女子从来不易,在古代更是如此。但谁也不能否认,她们也曾如灼灼春桃般风华绝代,在男人书写的历史里竭力地绽放自我,散发着微弱却倔强的芬芳。尽管作为"附属"的女性,在古代文学与历史中确实是极为边缘的存在,但她们还是在时光的罅隙中,留存了星星点点的痕迹。

于是,我循着泛黄的书纸,去拼凑出她们的诗词记忆。《诗经》有云"桃之夭夭,灼灼其华",这些流转于尘途中的女子,如同光彩粲然的桃花,她们曾颜如舜华,对这个世界饱含热望。后来,她们经历悲喜,用文字抒写心意,留下纸短情长的书笺,令后人想见当时的风神摇曳。

而我所能撷取的,也不过是那些风华绝代中的吉光片羽。这本书讲述了32首诗词背后的女性故事,依照朝代顺序依次排列。每一个朝代,都有她特定的底色和味道。每一首诗词背后都有一个动人的故事。

汉晋的婉约,孕育出卓文君与徐淑的绵邈深情,也缠绕着左棻宫墙里花开花落的寂寞,交织着细君公主去国怀乡的忧伤。

南朝的烟云,氤氲着苏小小轻歌浅唱的温柔、姚玉京寂寥无声的守候,也潋滟着鲍令晖和刘令娴的缱绻相思。

绚烂繁盛的隋唐,回荡着千金公主不绝如缕的琵琶声,更嘹亮着霍小玉爱憎分明的不屈抗争,盛世的自由与浪漫,孕育出潇洒不羁的李冶与薛涛,骨子里却分明还流露着倔强的柔软。

宋的清雅、元的磅礴,交融着陌上花开的闲情与苏轼琴操的风雅,而李清照的绝代风华,照亮了才女的天空。关汉卿唱断了六月飞雪,也唱不尽珠帘秀的一纸情歌。

明清女性文学的繁荣,催生出一朵朵诗苑奇葩,桨声灯影里的秦淮八艳,江南园林里的世家闺秀,李香君、柳如是、叶小鸾、徐灿、黄媛介、孟蕴……她们谋生亦谋爱,写诗也写梦。躲在正史背后的沈宛,埋藏着纳兰性德心底最深的秘密;《秋灯琐忆》里的关秋芙,书写着世间最寻常的夫唱妇随。而女界英雌吕碧城,则勇敢地选择成为"民国第一剩女"……

市面上解读女性诗词的书籍不少,故而在择选的标准上,我尽可能地回避了特别"热门"的女性,选择一些不为人熟知,但"有故事"的人物。在解读方式上,以诗词为线索,以故事为骨肉,以阅读的趣味性为目标,串联起历代才媛的诗情词韵。

在以"男性"为中心的历史叙述中,女性作为边缘的一角,史料稀少,面目模糊。对于那些埋藏于故纸陈笺中的女性,我只能从有限的记载中去抽绎她们的平生。有时畏惧自己学力有限,在朦胧难辨的字句里迷失,只能依靠敏感的情思、残破的史迹,去捕捉诗句背后的隐秘心事。我希望,本书在解读诗词故事之外,亦能增长见闻、涵泳性情,兼有诗人的性情、学者的理趣,也饱含生命的温度。

从某种意义上来说,对于女性人物的书写,也支撑我对青春的另一种理解——我看到她们的诗心与爱情,仿佛自己也重新经历了一次。当我知道这个世界上,曾有那样多的人,爱过亦恨过,坚持过也放弃过,在不同的时空里,咀嚼着人间相似的情感,又获得了深深的安慰。人类的情感总是相似的,那些辞章,因为点破了这相似的情感,才足以恒照千秋,震烁古今。

这或许,就是诗词带给我们的恒久力量。诗词之于我们的意义,原来是从茹毛饮血的时代就与初民共生而来,它是一种指向,指向精神的领域,超越世俗的平凡。

有人说,诗意是一种生活的态度。我想,若你能从书中有所得见,那我的目的,便也达到了。

彭敏哲于青岛浮山
2021年11月
2024年1月2日改定

序一 // 001
序二 // 004

第一卷　婉歌·汉晋

卓文君：只愿君心似我心 // 003
刘细君：君问归期未有期 // 007
左棻：清幽芷兰开复落 // 013
徐淑：唯凭锦书长相忆 // 018

第二卷　烟水·南朝

苏小小：一阕烟花不堪剪 // 027
姚玉京：似曾相识燕归来 // 032
鲍令晖：与君若共相思夜 // 035
刘令娴：别后春闺深且暮 // 041

第三卷　错彩·隋唐

千金公主：公主琵琶幽怨多 // 049
霍小玉：爱恨转眼繁花落 // 054

李冶：入骨相思知不知 // 058
薛涛：芙蓉空老蜀江花 // 064

第四卷　缱绻·宋元

黄妃：陌上花发春心待 // 075
琴操：一曲玲珑人似梦 // 079
王莹卿：只应碧落重相见 // 085
陈妙常：请容我半晌贪欢 // 091
戴复古妻：绝然女子决绝词 // 097
李清照：此花不与群花比 // 102
朱淑真：四海无人对夕阳 // 110
珠帘秀：唱支清歌到天涯 // 116

第五卷　花漾·明

孟蕴：若似月轮终皎洁 // 125
俞二娘：人间自是有情痴 // 128

叶小鸾：一缕茶烟和梦煮 // 133
柳如是：此生予君一红豆 // 140
李香君：伤心无复媚香楼 // 146
徐灿：恰似浮生不若梦 // 153
黄媛介：淡淡云间林下风 // 157

第六卷　碧落·清

沈宛：江南雨梦结清愁 // 167
吴藻：片言谁解诉秋心 // 174
贺双卿：青山深处隐断肠 // 178
关秋芙：人间花事易阑珊 // 183
吕碧城：半笺娇恨寄幽怀 // 188

后记 // 193

 婉歌·汉晋

卓文君：只愿君心似我心

皑如山上雪，皎若云间月。
闻君有两意，故来相决绝。
今日斗酒会，明旦沟水头。
躞蹀御沟上，沟水东西流。
凄凄复凄凄，嫁娶不须啼。
愿得一人心，白头不相离。
竹竿何袅袅，鱼尾何簁簁！
男儿重意气，何用钱刀为！

——卓文君《白头吟》

人生匆匆，几十载光阴过去，当初那个琴挑佳人的司马相如，鬓间已然生起了一绺斑白。他还记得当初"有一美人兮，见之不忘。一日不见兮，思之如狂"的悸动，多年以前，他和卓文君夜奔的故事为人传颂。二十岁的他们，青春如风如梦般飞驰，有曼妙的梦想，有饱满的行囊，携手浪迹天涯,哪怕路遥马亡。回想这段时光,重要的不是当时当地的境遇,而是彼时彼刻的心情——眼前分明道阻且长,但我们偏偏相信,桥都坚固,隧道都光明。长剑短琴,在少年的手中流丽翻转,成为如画春风里一段织不尽、剪不断的锦绣时光。

那年他绿绮在手,长剑在鞘,青衫磊落,春风得意。的确,当年卓王孙的宴席上,司马相如出现在众人面前的时候,所有人都惊羡了。那样傲然独立的清雅气质,是雪山开出的莲,是天际流荡的风,素净儒雅得教人无法去触碰。

可他才不关心那些人呢,他在意的,是重重帘幕后那个朱颜云鬓的身影。他知道她很美,面容姣好如林间的新月,眉色是蜀川宛转绵延的碧山,容色是锦水里初绽的芙蓉,影影绰绰,清丽如画。然而这些并不重要。重要的是,她懂琴,懂音乐!没有什么是比找到一位红颜知音更加令人欢喜的事情了。那个叫卓文君的女子,便是他梦中寻觅的灼灼桃花,伴他春风十里,歌尽浮生。

后来,这成了一场绝尘之恋。卓文君与他月夜私奔,为他当垆卖酒。垆边人似月,皓腕凝霜雪,贫穷的日子添上了诗情画意。人们都说,这段爱情,宛如雪山日出,山火欲燃,把天光流云幻海晴川都映照成一片赤霞滚滚,令山河岁月都失了颜色。

如今,去国十年老尽少年心。少年夫妻,终于白首偕老。他们之间也经历过吵闹。那时他住在茂陵,也曾悄悄喜欢上一个茂陵女子,想纳为妾室。一向温柔的卓文君,愤笔写下《白头吟》:"皑如山上雪,皎若云间月。闻君有两意,故来相决绝。"并附上《诀别书》:"春华竞芳,五色凌素,琴尚在御,而新声代故!锦水有鸳,汉宫有木,彼物而新,嗟世之人兮,瞀于淫而不悟!朱弦断,明镜缺,朝露晞,芳时歇,白头吟,伤离别,努力加餐勿念妾,锦水汤汤,与君长诀!"

他早知她是如此清绝亮烈的女子,当初奋不顾身私奔的是她,如今毫不犹豫诀别的亦是她,这才是卓文君,无论经历怎样的世事翻覆,爱情都是她如琉璃般纯粹的信仰。

若所有的流浪都是因为我
我如何能不爱你风霜的面容
若世间的悲苦你都已为我尝尽
我如何能不爱你憔悴的心

——席慕蓉《传言》

那茂陵女子纵有千娇百媚,也敌不过绿绮传情、患难相随的过往。他遂绝了纳妾的念头,带着他们共同的记忆与最初的柔情回到相遇的地方,轻声唤着她的芳名——一如当年私奔时的轻柔:"锦水有鸳,汉宫有木。诵子嘉吟,而回予故步。当不令负丹青,感白头也。"

如今他老了,患上了消渴之疾,生命如枯黄的秋叶,渐渐消弭,几十年宦海沉浮,他已经看穿了世事。青春流逝,有如春花告别枝头繁华,飘向大地的沉实。浮华渐隐,有如流星划破夜色深沉,化为磐石的坚守。走过刻骨的爱恨,才能回归云卷云舒的晴空;度过凡尘的劫难,才会珍惜花开花落的长情。

元狩二年(前121年),时任孝文园令的司马相如因消渴之疾免官。此后生活,一如杜甫诗句:"茂陵多病后,尚爱卓文君。酒肆人间世,琴台日暮云。"

元狩五年(前118年),那是再平凡不过的一天,微风拂过这座繁华的城市,旭日如约升起,绿水依旧东流,但就在这平静的时光里,有一些离愁散入寻常巷陌里,飘进芸芸百姓家。五十三岁的司马相如卒于消渴疾,他的身后,是卓文君写下字字泣血的《司马相如诔》。

锦水有鸳,汉宫有木,青青翠竹上仍刻着"愿得一人心,白首不相离"的誓言。卓文君忽然生出憧憬的笑容来,原来光阴流转、生死别离之后,爱情,还是如此令人心动。她恍然低头,是行到水穷的落寞,是坐看云起的淡然,亦是百转千回后的花开花落,云卷云舒。

如果有来生,还要和你看细水长流。

刘细君：君问归期未有期

> 吾家嫁我兮天一方，远托异国兮乌孙王。
> 穹庐为室兮旃为墙，以肉为食兮酪为浆。
> 居常土思兮心内伤，愿为黄鹄兮归故乡。
>
> ——刘细君《悲愁歌》

荒凉大漠，滚滚尘沙，她娇柔的背影朝向东方故国，那里是她的故乡。她手中的阮，低回婉转，如泣如诉，却无从将她的心声传递到远方，唯有一轮明月，照耀着古今相似的哀伤。

用和亲的方式巩固帝国的统治，在中国历史上屡见不鲜。这个惯例的伊始，是一位叫作刘细君的贵族女子。

细君公主本是西汉宗室之女，她的曾祖父是汉景帝刘启，祖父是汉武帝刘彻之兄江都易王刘非，父亲是江都王刘建，史称其为"江都公主"。或许真应了那句"君子之泽，五世而斩"，尽管她被冠以整个大汉最尊贵的姓氏——

"刘",她的家族却已然从内核开始腐烂——父亲江都王刘建,是个荒淫无道的诸侯王,元狩二年(前121年),企图谋反未成后自杀。他的妻妾被弃市。而此时的细君,还是个未成人的幼女,幸免于难,却沦为了罪臣之女。

就这样,这个尊贵的刘氏女,一朝从云端跌入尘泥,此后的人生,都无法掌握在自己手中。

她在角落里渐渐长大,出落成亭亭少女,岁月荏苒,人们逐渐忘记了这个不起眼的孤女。

那时,中原与匈奴战乱无数,大汉朝廷想与西域的乌孙国结盟,共同抗击匈奴。年迈的乌孙国王猎骄靡提出求娶汉朝公主的要求,两国结为联盟。异国他乡,吉凶难料,帝王怎舍得自己的亲生女儿远嫁。大臣们遍寻宗室之女,终于想起了昔年的罪臣之女——刘细君。对于乌孙来说,她的身份足够尊贵,既然封为公主,当是名正言顺的刘氏子孙;对于汉朝廷来说,她只是无关紧要的罪臣之后,戴罪之身。为国立功,亦是顺理成章的事情。就这样,细君的命运在倏忽间被帝王权臣决定了。

面对这样的命运,一介弱女,无从反抗,只能默然接受。史书三言两语,并不曾记载细君的反应,或许,也根本无人关心一颗棋子的感受。对于朝廷来说,她像一枚信物,只要如期交给对方,完成使命即可,至于信物的想法,大可不必理会。

那一天,细君被封为公主,大殿之上,受万民跪拜,众臣相送,那是她此生最荣耀的时刻。从这一天起,她重新恢复了帝王后裔的尊严,披上了锦衣华裳,一如从尘埃中再度开出的凌霄之花。

可也是这一日,她穿上玄色的嫁衣,告别家园,一路向西,毕生也无法回头。人生最繁华的落寞,大抵如此。从古至今,每一位和亲公主,都是从无上尊荣的起点,走向杳渺未知的彼端。而每一次的离去,都不问归期。

不知道走过了多少穷山与恶水,记忆中江都的隐隐青山和迢迢绿水淡褪成阳关上的枝枝垂柳,任由浩瀚风沙摧折。当细君公主抵达乌孙国的时候,她深深地失望了。

或许,这位饱受磨难的少女,原本对未来的婚姻生活还有一丝丝向往——毕竟,此时的她,已经是大汉最尊贵的公主。然而,她很快就被现实打了脸,猎骄靡年迈体衰,语言不通,她一眼便望到了生命的尽头——要在风沙蔽日的陌生土地上,陪葬毕生的幸福。

不是没有反抗,绝望的细君另造宫室居住,每年只与丈夫见几次面。而猎骄靡还有一位左夫人——那是匈奴王廷送来的公主。两位公主共侍一夫,尽管国王并未有明显偏颇,但显然左夫人更快地适应了这个新的环境,在前朝后宫中如鱼得水。

而沉静内敛的细君,则将自己与这里割裂开来,在无人打扰的静夜里,怀念故乡:

吾家嫁我兮天一方,远托异国兮乌孙王。
穹庐为室兮旃为墙,以肉为食兮酪为浆。

居常土思兮心内伤，愿为黄鹄兮归故乡。

这首《悲愁歌》，是刘细君在乌孙所作。在刻骨的悲伤面前，言语的修饰显得苍白无力，所以她直陈胸臆：大汉将我远嫁，从此和亲人天各一方。路远马亡，此身只能托付给乌孙国王。以毡帐为宫室，以肉、酪为食。我住在这里却内心悲伤，只想化作一只黄鹄，飞回故乡。

我想细君大抵如她的名字一样，是个纤柔端庄的女子，她也许不够果敢，不够决断，不够强大，所以面对命运次第显现的波澜起伏，悲伤而无助。在层叠的艰难险阻前，她全部的力量，也只能付诸这首哀伤的歌谣，随着手中的阮弦寂寞轻歌。

终于，她熬到了国王死去，看到了曙光。

乌孙国王去世之后，细君公主写信给汉武帝，请求归汉，但却遭到了汉廷的反对。尽管她在书信中极度铺陈自己的不幸，但并没有换来应有的同情和体谅，汉武帝只是告诉她，入乡随俗嫁给猎骄靡的孙子军须靡，继续巩固汉乌关系。

这一次，绝望彻底击碎了细君公主，也许曾经，她还抱过一丝幻想，她的亲人会怜惜她，她的故国会照拂她，她完成了使命，便可以回到家乡——可是，命运从来不仁慈，她终于知道，岁月昏沉，她等不来命运的救赎，也回不去思念的故乡，她只能如同一朵娇艳的鲜花，在这漫天的黄沙中慢慢枯萎凋零，即使零落成泥碾作尘，也只能葬入遥远的异乡。

她明白得太晚了。其实，从她踏上和亲之路的那天起，或者说，从披上公主华服的那一刻起，她就已经与故国原乡斩断因缘。

君问归期，后会无期。

嫁给军须靡后，没过多久，细君公主便郁郁而终。

人们很快又忘记了她，迅速寻找了另一位替代人选，再次从长安出发。

也是一样的辉煌阵仗，一样的蔽日繁华，那位被封为解忧公主的贵族女子在帝国的中心踏马扬尘，却是以完全不同的姿态出发。比起细君，这位公主更为坚毅勇敢，她迅速适应了复杂的异国环境，并与乌孙、匈奴各方势力周旋，表现出惊人的政治才华，最终，赢得了乌孙人的敬佩，维护了边疆和平，成为西域的"一代国母"。

纵横一生的解忧公主，在垂暮之年仍忘不了故国，她向汉宣帝上书，表示"年老土思，愿得为骸骨，葬汉地"。此时的她已是古稀之年，情词哀切，天子为之动容，宣帝应允了她的请求，以公主之礼将其迎回长安。这位坚毅隐忍的女子，用半生的努力实现了细君终其一生也无法实现的梦想——回到祖国。

我们无从褒贬每一位和亲公主，毕竟，远离家乡、嫁入异国生活，对于柔弱的女性而言，已然需要用尽毕生的智慧和力气。她们只是史书中一笔带过的剪影，她们只是须眉背后的衬托，她们随光阴静静远走，只留下落寞的背影和满地如霜的月光。

是从何时起，家国的担子兀然立在一个孱弱少女的肩头？承欢君前，曲意逢迎，忍辱负重，温柔的少女逐渐成长为一个坚强的女战士，不息地为国战斗。那些柔肠百结，尘封在了心底，故乡的明月与清水，也只在梦中找寻。

《史记》之中，有关细君公主短暂的一生，只有只言片语。谁记那绝色容颜下悲凄的双眸？谁念那丝竹管弦里隐隐的哭声？谁望那漫漫黄沙里一缕芳魂？为谁曾开出笑靥一片，又因何而洒下万千的泪珠？

沧桑过尽，月照青苔，那一首动人的《悲愁歌》如星般闪耀。

千百年了，花在历史的车辙中散发着她孱弱的芬芳，推敲着红颜的韵脚。

和亲，演绎着嫁娶的悲壮，公主命运的凄迷。

比起细君公主，解忧公主更出色地完成了和亲公主的使命，也许她们的不同在于解忧比细君更早地明白——君问归期未有期，不如怜取眼前的日子。

过好当下，才能赢得未来。

左棻：清幽芷兰开复落

> 自我去膝下，倏忽逾再期。
> 邈邈浸弥远，拜奉将何时。
> 披省所赐告，寻玩悼离词。
> 仿佛想容仪，欷歔不自持。
> 何时当奉面，娱目于书诗。
> 何以诉辛苦，告情于文辞。
>
> ——左棻《感离诗》

"晋"的感觉，是清幽芷兰花未开，短短的，一个含苞却姗姗然未放的时代，一个浮萍般轻飘飘弱绵绵的时代，人无法清明如临石见海的白，只有随着深深浅浅的绿水，一边挣扎一边逐波，如此度过艰难此生。

"晋"不斑斓。三国一统，终归短暂。那些国仇家恨交织在看似海晏河清的原野上，平静的地壳下酝酿着新的杀戮和征战。在这混沌不见底色的"晋"里，谁也逃脱不开，那一抹如翡翠般或浓或淡的愁。

左棻便生在这样的年代。

她有个才华横溢的兄长——左思,那个写下《三都赋》,名震五京,博得"洛阳纸贵"佳话的才子,然而或幸或悲,他却是为她以后的悲剧命运写下了第一个音符的人。当时的皇帝晋武帝司马炎听到左思的名气,又得知他有位才情颇盛的妹妹,便下令将她召入宫中,最初拜为修仪,后被封为贵嫔。最初看去,她是如此幸福的女子,腹有诗书,又得宠爱,掖庭封妃,亦算是女子殊荣。

可司马炎绝非真正爱才惜才之辈,附庸风雅只是一时的心血来潮,少女左棻便如同他随手拈起一朵花瓣,嗅一缕香气,便随手一扔,再也不记得。

左棻就这样被遗忘于深深庭园里,如同一片沉浮在水面上的绿萍,不起眼,被忽略,不再拥有昔年的光华和色泽。

史书里说晋武帝"颇事游宴,怠于政事,掖庭殆将万人。常乘羊车,恣其所之,至便宴寝,宫人竞以竹叶插户,盐汁撒地,以引帝车……"如此喜好美色的男子,见一个便爱一个,又哪里还记得那个被他点名指姓召进宫中却"姿陋体羸"的左家小姐?游戏花丛那么些年,他见过太多姹紫嫣红的女子,这个毫不起眼甚至算不得漂亮的女子,纵使再有绝世才华,怎比得那粉白肌肤、艳丽笑靥带来的诱惑?

她只能在重重宫闱里委顿。

芷兰花未开,却已到了凋谢的时节。她的幸福只在表面的浓妆素裹。谁又晓得,那些难眠之夜里,更漏嘶哑,孤月如霜，她是怎样幽幽熬过的？

可是她不甘心。

纵然碧绿转黄，年华枯落，她也不要如此沉默度过。她想起和她自幼一同长大的哥哥，他如今也和她在同一个城市，洛阳阡陌交通，堞墙纵横错落，这一轮孤月之下，几座楼阁之后，便是疼她懂她的哥哥。她记得前些时日，他哥哥寄来一首《悼离赠妹》，文辞感挚，思念惜别之情溢于纸间。

她忽然想起儿时嬉闹，粉翠花树，于是信笔疾书《感离诗》。这一首诗平白如话，魏晋时节的五言诗并不成熟，不似唐诗那般汪洋恣肆，格律精致，韵脚成熟，而她写得情意真挚，又并不露放，带些小女儿的情致婉转，宛如一首低回吟哦的思人小令。

她低低问："拜奉将何时？何时当奉面？何以诉辛苦？"这一连串的问题，流露出诗人无限的眷恋和惆怅。然而，终归只有穿过九重宫城里的夜风裹挟着小寒时节的霜露回答她。于是她终于"欷歔不自持"，情感如潮翻涌，诗的最后两句暴露她所有急切掩盖的情绪——何时才能相见，与你共剪西窗？又要如何诉说，这几年离索，九重风霜？

那满腔的委屈，都隐隐随诗文刻印在纸间，她一笔一画，思绪飞扬，早已飘到了宫墙外云淡天青的左家庭院，当年绮年玉貌的一双孩子，如今被宫禁分割，那些零碎了的亲情，要如何才能拼接完整？

幽幽的《感离诗》，看似是写亲人离别，又何尝不是在写深宫女怨？若不是宫怨绵长，又怎会抱着昔年记忆、过人往事念念不忘？若不是孤冷难耐，又何必声声幽咽，无事填词，以此取暖？

清幽芷兰，未开已落。左棻在入宫后身体羸弱，便请求搬至华林园的薄室，韶光飞过，她随着缓缓时光凋谢在离宫闹甚远的丰茂翠林里。偶尔武帝回辇造访，她不刻意逢迎，而是舒然而对，妙语连珠。仿如空谷幽兰，乏人问津，却芬芳自远。

如果一生，都可以这样删繁就简地过下去，也未尝不是一种幸福。

世事难料，沧海桑田。转眼之间，便已苍黄翻覆。

泰始十年（274年），皇后杨艳病死，杨芷荣登后位。太熙元年（290年），武帝驾崩，晋惠帝继位。然后是贾后专政，之后是八王之乱，再后来便是反反复复地废立……

政治主角的迅速更换，皇族权柄的交替嬗变，喋血千里的战火硝烟，湮没了含苞待放的两晋时期。一些人死了，一些人又蜂拥而上，这个皇宫，从来未曾宁静，也不会再宁静。

可是她始终只是一个旁观者，同任何一方势力都没有关系。他们死了，她还活着。

她看惯了花开花谢，自己也凋落无声，只是身如兰芷，芬芳依然，就如同她给自己取的小字——兰芝。

华林园久无人修葺，屋外寂寂，庭前花树却依然烈烈如焚。年已不惑的她，恍然落寞：这一生，若说是福，何以重门深锁,不见春光?若说是祸,又何以乱世得存,全身而退?

清幽芷兰,未开已落。然而残缺的落瓣,终于得以安然留存于大地之上,不至于风雨飘零,如莲遇雪,惨淡谢落。这样静好而过,或许是左棻的圆满,亦是上天,最后偿予她的垂怜。

徐淑：唯凭锦书长相忆

> 妾身兮不令，婴疾兮来归。
> 沉滞兮家门，历时兮不差。
> 旷废兮侍觐，情敬兮有违。
> 君今兮奉命，远适兮京师。
> 悠悠兮离别，无因兮叙怀。
> 瞻望兮踊跃，伫立兮徘徊。
> 思君兮感结，梦想兮容辉。
> 君发兮引迈，去我兮日乖。
> 恨无兮羽翼，高飞兮相追。
> 长吟兮永叹，泪下兮沾衣。
>
> ——徐淑《答夫秦嘉诗》

卿卿如晤，纸短情长，一封信笺，绵绵字间，是轻柔的思念，是轻浅的呢喃，是岁月的刻录，是蕴藉的挽留，还有欲说还休的言外之意。

东汉的某个清晨,陇西郡的秦嘉收到了上京的调令,赶赴洛阳担任黄门郎一职。他的妻子徐淑,因病住在娘家,不能随行。这一场突如其来的分别令情意浓郁的小夫妻怅惘不已。还没来得及来一场好好的道别,他们便天各一方。独在异乡的秦嘉,去信捎去思念:

> 不能养志,当给郡使,随俗顺时,僶俛当去,知所苦故尔,未有瘳损,想念悒悒,劳心无已,当涉远路,趋走风尘,非志所慕,惨惨少乐。又计往还,将弥时节,念发同怨,意有迟迟,欲暂相见,有所属讬,今遣车往,想必自力。(《与妻徐淑书》)

一封与妻书,絮叨如常。从前的车马都慢,雁北天南,一笺小小的思念,也要跋涉迢迢路途,才能抵达彼人手中。温热的惦念并未冷却,信中他表达心愿:今日我遣车前往,便是希望能接你到我身边。

可惜,他日夜盼望,回返的车马,并未带来远方的她。

只是捎来一封回信,信上亦写满她的思念:

> 谁谓宋远,企予望之,室迩人遐,我劳如何。深谷逶迤,而君是涉;高山岩岩,而君是越,斯亦难矣。长路悠悠,而君是践;冰霜惨烈,而君是履。身非形影,何得动而辄俱;体非比目,何得同

而不离。于是咏萱草之喻，以消两家之恩；割今者之恨，以待将来之欢。（《答夫秦嘉书》）

你在外经营四方，鞅掌王事，亲历过逶迤深谷和苍茫高山，历经过悠悠长路与凛凛冰霜，可惜我却不能如影随形，伴你身侧，只好割舍下今日的遗憾，期待将来的团聚之欢。

抱病居家的徐淑实在无法随车前往，只能用一纸信笺回赠。她将深深的想念埋藏在心里，末了，还不忘开了个玩笑，不让丈夫多添伤感："今适乐土，优游京邑，观王都之壮丽，察天下之珍妙，得无目玩意移，往而不能出耶？"不知身在王都的丈夫，看到繁华都会的壮丽风光，会否流连春色，心系别处了？

可以想见，这一纸信笺，来去一程，大约又过了许多日子。当秦嘉收到回信的时候，也许徐淑的病又重了几分。他看着空空的马车，徒留着一路车辙，曾载着热切的期盼而去，却未能载回他所愿的伊人，失望与落寞，侵上心头。

夜色凉凉，月色迷离了苇影。他反复咀嚼着妻子的片语，也咀嚼着这凉凉夜色的寂寞，提笔写下《重报妻书》："车还空返，甚失所望。兼叙远别，恨恨之情，顾有怅然。"信笺开头便说了自己的失望，"甚失""恨恨""怅然"，下语极重，似乎都能让人听见他叹息的声音。

秦嘉还寄赠宝钗、素琴、明镜，可她无心佩钗调琴，因为"女为悦己容"，世间美好，要你我在一起，才能环环相扣。

除了这篇《重报妻书》，秦嘉还有三首《赠妇诗》，被誉为"文人五言诗渐趋成熟"的标志作品，其一为：

>人生譬朝露，居世多屯蹇。
>忧艰常早至，欢会常苦晚。
>念当奉时役，去尔日遥远。
>遣车迎子还，空往复空返。
>省书情凄怆，临食不能饭。
>独坐空房中，谁与相劝勉。
>长夜不能眠，伏枕独辗转。
>忧来如循环，匪席不可卷。

东汉的诗歌里，总有一种人生如朝露的苦感，曹操说"譬如朝露，去日苦多"，孔融说"岁月不居，时节如流"，秦嘉的诗，同样弥散着人生多艰的烦忧。人生如此，世间坎坷居多，忧愁常常先来，欢乐总是迟到。前几句诗，说的是人世间至简的道理，可却是多么痛的一种领悟。看着无功而返的马车，想到我离你日渐遥远，念着陈情的书信，饭也吃不下。独坐在空房，谁又能劝慰呢？长夜漫漫，难以入眠，独自辗转，忧愁循环。

面对丈夫的赠诗，徐淑只能写下《答夫秦嘉诗》，回应他的忧伤与思念。这是一首通篇采用"兮"字句的骚体诗，回环咏叹，一如她如泣如诉的叹息，全诗既是在叙事，又是在抒情。诗的开头解释了她不能驱车前往的原因，而后又遗憾未能尽到妻子与儿媳的责任。写到因何离别，又写到别后思念。因为留在娘家，她连亲自相送道别的机会也没有，只能在诗中想象着别离的场景——踮起脚，眺望你远去的方向，久久伫立徘徊。思念故人，梦中也想着你的容辉。你启程远去，离我越来越远，你的脚步，是我全部视线的终点。只恨身无彩翼，飞向彼端，只能吟诗咏叹，泣下沾衣。

我们以为等过些日子，徐淑的病好些了，他一定还会派车马来接。但不曾料到的是，我们以为那天只是寻常的道别，谁知竟是永诀。秦嘉因病客死他乡，徐淑亲扶灵柩归葬。手中的信笺似还留有他的余温，可眼前的人儿再也无法温言相对。此后的岁月变得艰难，彼时的她还很年轻，总不能在娘家吃一辈子闲饭，徐淑的兄长逼她再嫁，她只能毁去自己的容貌，"毁形不嫁，哀恸伤生"，不久，因为哀恸太过而病逝。

他们只是日升月落的流转岁月中一对凡夫凡妇，他官不大，她也没有生于世家，所以连书册中关于他们的记载，都零星碎散，难以觅全，甚至连生卒年都无法确认。只是在钟嵘的《诗品》略有记载："夫妻事既可伤，文亦凄怨。为五言者，不过数家，而妇人居二。"其实，秦嘉在这世间，留存的不过《与妻徐淑书》《述婚》《重报妻书》三篇、《赠妇诗》四首；而徐淑所留存的篇章更少，今存《答夫秦嘉诗》一首及《答夫秦嘉书》《又报秦嘉书》两篇。这对夫妇，相守不过数载，往来书信寥寥不过数千言，却让后人惦念了许多个春秋。

平凡岁月，烟火中弥散着温柔的诗意。辞淡情深，絮叨的家常话却穿透了时间与空间，一如那静水流深，表面波平如镜，却蕴含着沉淀深邃的力量。爱情的誓言不是越华丽越好，好的诗歌也并非必须辞藻粉饰，真正留存在人间记忆里的，是浅近却真诚的力量。

因为，它点亮的，是每个平凡人心中的共鸣。

第二卷

烟水·南朝

苏小小:一阙烟花不堪剪

> 幽兰露,如啼眼。
> 无物结同心,烟花不堪剪。
> 草如茵,松如盖。风为裳,水为佩。
> 油壁车,夕相待。冷翠烛,劳光彩。
> 西陵下,风吹雨。
> ——李贺《苏小小墓》

轻轻地,她走了,正如她轻轻地来。

在西湖的柔波里,她轻轻地挥手,不带走一片云彩。

她叫苏小小,名字就令人销魂,苏姓泛着江南柔波粼粼的酥软,小小,令人想到娇俏玲珑的少女身段,小小,小小,这样唤着她,仿佛时光永远不会老去,她可以永远停留在豆蔻梢头的"小小"年纪。

苏小小活在传说里,有人说她是晋朝歌姬,有人说她是南朝名妓。无论是晋还是南朝,都适合滋养这样一名美到妖娆的女子。晋是一个含苞欲吐却姗姗未放的时代，短暂跌宕，还来不及盛放就凋落，但自有一番驰荡风流的名士之风，吹开万马齐喑的魏晋文坛。至于南朝，就更是个桃花纷飞的时代，有"江南可采莲"的馨香甜软，有"婉伸郎膝上"的放浪活泼，生于这个时代的苏小小，桃朱轻启，把四十二段子夜歌都唱尽，秋水回眸，将二十四番花信风都掠过。

南朝徐陵的《玉台新咏》里，有一首《钱塘苏小小歌》：

妾乘油壁车，郎骑青骢马。何处结同心，西陵松柏下。

钱塘的踏青时节，青阳照暖春衫，东风轻拂，揭开三月的春帷。西湖畔芳径蜿蜒，陌上花开。石桥边波光流转，倒映春色的斑斓，涟漪晕开了花香。油壁车叮叮咚咚，碾过三月里胭脂色的桃花瓣。就在西泠桥畔，她遇见宿命里的郎君，他骑着青骢马，垂杨岸边，缓步轻吟。

这位书生叫阮郁，是宰相之子。苏小小执笔写下她的小情歌，只愿和阮郎松下结同心。

其实她写的，不过是千千万万女子的心愿——愿得一心人，白首不相离。

但可惜的是，阮郎并非她的良人。一个权相之子，怎可能与名妓双宿双栖。欢好不久，阮郁被一纸家书召回，从此杳无音信。

后来，苏小小在湖滨见到一位模样酷似阮郁的人。衣着俭朴，神情沮丧，他叫鲍仁，因盘缠不够而无法赶考。她慷慨解囊，资助鲍仁进京赶考。

佳人薄命，苏小小在第二年春天长逝。关于她的死，众说纷纭。有人说，是因为她过度思念离去的阮郎，她等过了二十四番花信风，等到了荼蘼花事了，还是没能等来"郎骑青骢马"，一曲长亭怨，再也唤不回从前。也有人说，她早已知道她的阮郎已经迫于父命另娶她人，永远不会再回来。所以，她宁愿选择在生命最惊艳的时刻死去，给世人留下一个永恒美丽的背影。

那年鲍仁金榜题名，出任滑州刺史，赴任时经过钱塘，却赶上苏小小的葬礼。她如莲花开落的容颜盛开在棺木里，似乎永远不会枯萎。鲍仁抚棺大哭，在她墓前立碑：钱塘苏小小之墓。

后来，有许多人怀念苏小小，诗人们为她写诗，小说家为她写故事。在《钱塘异梦》中，苏小小化为一缕香魂，夜入文人梦中，她执板而歌：

妾本钱塘江上住，花落花开，不管流年度。燕子衔将春色去，纱窗几阵黄梅雨。
斜插犀梳云半吐，檀板朱唇，唱彻黄金缕。望断行云无觅处，梦回明月生春浦。

如此美丽而多情的苏小小，从南朝走向唐宋元明清，依然风华绝代，令人不能忘怀。她化身为翻云覆雨的巫山神女,风流绰约,流风回雪般缥缈不可及,给人留下非花非雾的一抹丽影。

后人对苏小小的想象不一。白居易将苏小小看成浪漫风流的名妓,李贺把苏小小当作他的隔世知己,韩翃视苏小小为乡亲,徐渭爱上苏小小的痴情,张炎则将苏小小看作繁华的过往。每个人心中,都有自己的苏小小。她代表着一切美丽、短暂而又深情的人事,给风雅的诗者以诗意,给失意的墨客以慰藉,给风流的才子以遐想,给落魄的文人以希望。她是湖上一轮纯洁不可触及的月影,是心头一枚相思萦绕的红豆珠。

在许多关于苏小小的诗歌中,有一首最动人:

> 幽兰露,如啼眼。
> 无物结同心,烟花不堪剪。
> 草如茵,松如盖。风为裳,水为佩。
> 油壁车,夕相待。冷翠烛,劳光彩。
> 西陵下,风吹雨。
>
> ——李贺《苏小小墓》

那等在季节里的容颜如莲花开落,跫音不响,春帷不揭,她终是不曾等来归人。在西泠的松柏下绾着同心结的女子,开始明白世间无物结同心,人世聚散,一如烟花绚烂。多少情愫,既没有输给时间,也没有错付流年,只是缘分太匆匆,谁又能真的停下来说爱。她结风为裳水为佩,在逝去的日子里为自己重活一遍。

后来听到一首歌：

> 不知小小你/是否还会到那条街/买新茶四五钱/南风入帘拂起青丝如墨染/一缕风情犹在枕边/是笔墨太缠绵/是微雨熬不过流年/青石巷口/灯火阑珊/总有人为爱无眠

石板路上传来的马蹄声，而缀着流苏的油壁香车碾过三月里胭脂色的桃花，停在树下。柳边深巷，花下重门。马蹄声远了又近，近了又远，终未停留。

苏小小终如她的名字一样，小小，小小，活在小小的豆蔻年纪里，永不老去。

姚玉京：似曾相识燕归来

> 昔年无偶别，今春犹独归。
> 故人恩既重，不忍复双飞。
>
> ——姚玉京《孤燕诗》

姚玉京的故事最早出现在《太平广记》里。生于南朝的她，是与苏小小齐名的江南名妓。生于烟花之乡，长于烂漫之地，她也是蕙质兰心的女子。

与她在最好的年华相遇，小吏卫敬瑜有幸博得了美人芳心。他们排除万难，在她15岁那年，得以结合。这是一个圆满的桥段，剩下的，便是数不尽的静好岁月，执手相看到老的漫漫人生。可惜，这收梢，不适合一个会写诗的女子。才貌双全的女子，生命里总要有一些波涛，有几道水澜，惊起一滩鸥鹭，仿佛这样，才更衬得她们的生命丰满充盈。

次年夏天，卫敬瑜在襄水中游泳时溺水而死，一段岁月静好的小幸福就这样被一个毫无逻辑可循的意外轻易碾碎。

姚玉京失去了这个世界里唯一的倚靠，也失去了这场浮生里唯一有过的雪月风花。

若她想得开，那些明如珠玉的过往也许终将会被时光的洪流卷走，经年刻骨铭心的伤痛最终也会退却，化为心头的一道浅痕。然而，她选择以守节去对抗时间的力量。

也并非不能解脱，她的公婆想到她不过二八芳华，曾劝她改嫁他人；也并非无人问津，她才高名扬，绮年玉貌，世家子弟中也不乏对她瞻仰求娶之人。可惜她的心坚如磐石，韧如蒲丝——有些人，你遇见他不过短短几载，却要花上一辈子去忘记。他不是她的稍纵即逝，而是她的一生一世。

所以，她选择固守在回忆里，陪着记忆里的他，走完以后的岁月疲长。

一别经年，家门前的屋檐上又飞来了那只孤燕。她认得它。去年此时，它也是独自振翅，今年又至，仍是独身。姚玉京怦然心动，恍觉它与自己竟是如此相似，于是落笔成章，写下《孤燕诗》："昔年无偶别，今春犹独归。故人恩既重，不忍复双飞。"

诗中，她将孤燕化为一个痴情之人，年年岁岁，无偶独飞。她将自己的感情融入孤燕里，景中含情，一切景物之中都带着她那哀伤迷离的情致。于是，那孤飞的燕子就成了重情重义的物象，而她的婉转心思也借由孤燕的行为得以表达。

如果参商永隔是最终的结局，那么一生独守就是对这结局最强势的反抗和对决。

唐代李公佐在《燕女坟记》中对这首诗作了后续的演绎：七年间，孤燕一直秋去春来。第八年春天来临之际，相思的寂苦，生活的磨难，终于将玉京摧垮，她一病不起，最终香消玉殒。初春，孤燕归来后不见姚玉京，在窗前低回盘旋，悲鸣呼唤。家人告诉燕子："玉京死矣，坟在南郭。"小姑将燕子引到姚玉京坟前，哀伤重情的燕子守在姚玉京的墓前凄然哀鸣，不肯离去，直到饿死在坟头上。卫家人感慨燕子贞烈，在姚玉京墓旁筑坟立碑，题名"燕冢"，以志纪念。

这后面的故事不免有虚构附会的成分，然而姚玉京的情意深长到底是感人肺腑，才引得后人传诵着那些离奇情节。是真是假早已不再重要，重要的是，那只孤燕曾在春天的时候飞来过，那个女子曾在屋檐下望穿秋水过，那段感情曾真真切切地刻骨铭心过。那个时候，曾有那么一首诗，如秋水般流淌过。

这已足够。

鲍令晖：与君若共相思夜

> 明月何皎皎，垂幌照罗茵。
> 若共相思夜，知同忧怨晨。
> 芳华岂矜貌，霜露不怜人。
> 君非青云逝，飘迹事咸秦。
> 妾持一生泪，经秋复度春。
>
> ——鲍令晖《代葛沙门妻郭小玉诗二首》（其一）

南朝的诗歌，婉柔清丽，泛着菡萏的幽香，氤氲着迷离的烟云水汽。在宋、齐、梁、陈依次粉墨登场的时代序列里，乐府诗歌翩然而至，清雅宜咏，倾诉着人世的悲欢离合。在《古诗十九首》的清词丽句里，乱世更迭的幻灭与沉沦，心灵憬悟的清醒与痛苦，回环交替，浑然天成，沉淀为最为铿锵有力的时代记忆。

鲍令晖作为南朝为数不多的女诗人，她对《古诗十九首》有着不同的演绎。她的兄长是著名诗人鲍照，杜甫对鲍照的诗赞誉有加:"清新庾开府,俊逸鲍参军。"鲍照是时代的宠儿,在文人迭出的元嘉一朝中,他与颜延之、谢灵运并称"元嘉三大家"。久负盛名的鲍照,极为欣赏和推崇自己的这位胞妹:"臣妹才自亚于左棻,臣才不及太冲尔。"他将自己与左思相比、将鲍令晖与左棻相比,不仅凸显出胞妹的才华,也流露出深厚的兄妹之情。

历史对这个南朝才女的记载绝少,她大约生于南朝宋齐之间,时光久远,循着她留下的词采,不免猜想她曾捧卷深思,吟唱过南朝乐府里清丽的歌谣。面对乱世的频繁征战,鲍令晖写下《拟青青河畔草》,抒展战乱年代征人之妇的绵长幽思:"人生谁不别,恨君早从戎。"离别有尽,可沙场无情,谁知道昔年一别,会否终生不见?这或许不是鲍令晖亲身经历的人生,却一定是她亲眼看到的故事,于是,她将《古诗十九首》的《青青河畔草》中幽怨被弃的荡子之妇替换成端庄淑静的征人之妇,也将荡子离家的特殊现象转化为思念征人的普世情感,为乐府诗完成了一次从俗到雅的诗歌美学更替。

比起乐府民歌爽朗直白的平民色彩,鲍令晖以其士族才女的气质对情绪表意进行了雅化。在《古诗十九首》的《客从远方来》中,思妇收到远游异乡的丈夫寄来的绮罗,"客从远方来,遗我一端绮",欢欣不已,裁成合欢锦被,期待长相厮守。而在鲍令晖《拟客从远方来》的笔下,这位端庄的少妇优雅自持,她收到的礼物充满文人的雅趣:"客从远方来,赠我漆鸣琴。"细察桐木,轻启琴弦,她看到的是相思与别离的盘旋："木有相思文，弦有别离音。"相思之木，离别之音，化作阳春之曲，在她深沉婉转的诗与琴中缱绻交错，凝和沉淀。"终身执此调，岁寒不改心。愿作阳春曲，宫商长相寻"，一腔心事，尽化作笔下之诗，指尖之音。就让自己清瘦的手指游离在弦间，就让指尖那一丝微热集聚，流泻出一段蕴藉的表白：我心匪石不可转，我心匪席不可卷，只愿君心似我心，定不负相思意。

无限思恋，绵绵爱意，都凝结在深沉而平静的字里行间。此中或许映照着鲍令晖自己的影子，也或许，她写的就是自己的情事。可史料稀疏，我们无从求证。唯一可确信的，是她与兄长亲爱异常的兄妹之情。生于贫寒士族的鲍氏兄妹，自小相依为命，彼此依存。鲍照言及身世："臣北州衰沦，身地孤贱""束菜负薪，期与相毕"（鲍照《拜侍郎上疏》），幼时要靠挑柴、捆菜方能维持生活。在那个"上品无寒门，下品无世族"的门阀时代，士人讲求门第，品阶严明，而鲍氏一族，既非显赫，又生丁孤单，只有妹妹鲍令晖与鲍照朝夕相伴，他教她读书识字、写诗作文，因此，她的名字没有随着时光流逝而被人遗忘，在男人书写的历史里，仍弥散着微弱而悠长的芬香。

后来兄妹别离，鲍照常常思念故乡的胞妹，当他"栈石星饭，结荷水宿，旅客贫辛，波路壮阔"，来到大雷池边，思乡之情更为浓重沉郁，对鲍令晖的思念更为急迫，于是挥毫写成了"独唱千秋，更无和音"的《登大雷岸与妹书》。

山容水貌，只想在第一时间与你分享。云霞夕晖，也抚不平羁客的旅思。青霭紫霄，晓雾夕景，一路风景都很好，你若能在场。

信末，他叮咛道："寒暑难适，汝专自慎，夙夜戒护，勿我为念。"

纸短情长，见字如面。最后，只愿你安好，不要以我为念。

想来，少时相伴的情谊，血浓于水的亲情，他们已是这凉薄的世间，最懂彼此的人。

曾有人想象，在鲍令晖最美的年华里，应有一个深情的剪影，迷蒙着她如秋水般的明眸，在她的诗中停留。她存世的诗歌不过七首，却都是围绕思情而写：

自君之出矣，临轩不解颜……游用暮冬尽，除春待君还。（《自君之出矣》）

桂吐两三枝，兰开四五叶。是时君不归，春风徒笑妾。（《寄行人》）

月月望君归，年年不解绽……容华一朝尽，惟余心不变。（《古意赠今人》）

木有相思文，弦有别离音。终身执此调，岁寒不改心。（《拟客从远方来》）

……

君心何处，无人知晓，那字句里滚动的浓情厚意，浸透了载满沧桑的书笺。

擅写思情的鲍令晖,遇见了与她命运相似的郭小玉,郭小玉不会作诗,无从表达内心的心绪,鲍令晖便作《代葛沙门妻郭小玉诗二首》。郭小玉的丈夫"君子将徭役",留下独守空闺的妻子,尽管并非丈夫喜新厌旧而遭抛弃,但郭小玉与弃妇的生活并无两样:

明月何皎皎,垂幌照罗茵。
若共相思夜,知同忧怨晨。
芳华岂矜貌,霜露不怜人。
君非青云逝,飘迹事咸秦。
妾持一生泪,经秋复度春。

——鲍令晖《代葛沙门妻郭小玉诗二首》(其一)

心底的思念,总在夜阑人静之时,婉转低回。茫茫天际,渐生出一轮相思的弯月,照亮情不自禁的夜,勾起闺中人无边的思绪。若能在夜晚彼此相思,那么晨昏也会共同忧愁。花样年华逝如流水,无情岁月形同驹隙,时光滑过悲欢离合,带走了俏丽容颜。人生最为无奈的分别,不是你与我生死相隔,而是我无法追上你奔赴前程的步伐。

所以,有生之年,望穿秋水,也只能与泪水相伴,等一个永不会归来的梦,等一盏永远也煮不暖的茶。

鲍令晖与那些代拟闺音的男子不同,同为女子的她,是郭小玉真正的知音。所以,她为郭小玉写下生死相望的含泪之思,仿佛自己也经历过同样的往事。她们的故事未必一致，而悲喜却已然相通。

　　花枝零落，旧梦搁浅，鲍令晖的一生，有太多的空白令人遐想。她等过，盼过，相望过，思念过，或许也曾失落过，伤心过，但她的故事就像她的诗歌一样，静水流深，清巧蕴藉，抒写女子独有的心事。

　　也有人说，那些思念的诗，都是写给在外的兄长的，山长水迢，路远尘飞，这份思念留守在雨纷纷的旧故里，是捻字为花时的情，是剪烛西窗时的盼，是抬头望月时的暖。

　　鲍令晖比鲍照先离世，当鲍照得知妹妹长逝的噩耗，回想平生凄风苦雨，只有自幼相伴的妹妹与自己患难与共，彼此相依："臣实百罹，孤苦风雨，天伦同气，实惟一妹。"（《请假启》）情痛悲深，上书请假，并请求假期从三十天延期至一百天。当他登上故乡的南山，看到埋在垄土中的妹妹，知道一切已经来迟，此后这片熟悉的土地，不会再有人痴痴地盼，只为守候一场花好月圆的重逢。

　　或许，命运一开始就把她交付给了孤独，她在孤独中写尽思念，在思念中等待重逢，与君若共相思夜，更待清辉彻夜明。

刘令娴：别后春闺深且暮

花庭丽景斜，兰牖轻风度。落日更新妆，开帘对春树。
鸣鹂叶中舞，戏蝶花间鹜。调瑟本要欢，心愁不成趣。
良会诚非远，佳期今不遇。欲知幽怨多，春闺深且暮。

——刘令娴《答外》

在诸多南朝才女中，刘令娴是"亦正亦邪"的一位。在世人的想象中，才女端庄优雅，品貌俱佳，才担得起"腹有诗书气自华"。正史对这位才女，并无太多着墨。但后人的附会却层出不穷，借其诗而发挥其事，或钩沉诗外的风流韵事，或任意嫁接诗歌编造逸闻，或索隐其情以补全野史，令这位出身书香门第的士族之女，蒙上了风流骀荡的污名。

刘令娴生活在南梁时期，彼时各个世家大族盘旋交错，此起彼落，此消彼长，地位有甚于帝王。铁打的世家，流水的王朝，出身刘氏家族的令娴，是当之无愧的名门闺秀，她的父亲刘绘在朝为官，兄长刘孝绰是著名才子，刘氏满门风雅,"(孝绰)兄弟及群从子侄当时有七十人,并能属文,近古未之有也"(《南史·刘孝绰传》),如此庞大的文学世家,自然频出书香袭人的才媛。刘孝绰有三位妹妹,一位嫁入琅琊王氏,一位嫁给吴郡张嵊,而三妹刘令娴,则嫁给了中书令徐勉之次子徐悱。姐妹三人,都嫁进仕宦贵族,夫君皆入仕为官。

这是南朝时期大多数世家之女的人生轨迹。若不是因为出众的文采,刘令娴大概也会和她的姐姐们一样,安然平静地生老病死,隐没于时光的卷轴,消逝在历史的长河中。史载她"文尤清拔"(《南史·刘孝绰传》),时人称为"刘三娘"。嫁入门当户对的官宦文学世家,公公徐勉博通经史,夫君徐悱长于诗文,从前在家中和兄弟姊妹吟诗作对,那种自由愉悦的文学氛围,在夫家再度续接。徐悱倾慕妻子的才华,引为知音,初婚之时,彼此心心相印,开启了一段被缱绻浸染的轻柔时光。

古人仕宦飘零,常离家远行,在外做官。徐悱身在异乡,时常想念家中的娇妻,便以纸寄情,写下《赠内》诗:

日暮想清扬,蹑履出椒房。网虫生锦荐,游尘掩玉床。
不见可怜影,空余蘜帐香。彼美情多乐,挟瑟坐高堂。
岂忘离忧者?向隅心独伤。聊因一书札,以代九回肠。

——徐悱《赠内》

暮色沉沉,华灯初上,异乡的万家灯火里,却没有一盏是为自己而亮。在这个寂静的黄昏,家中的你,清姿绰约,是否也望着同一轮夕阳,孤身徘徊闺房?

他写这首诗,是想告诉独守空闺的妻子,他懂她的艰难,他知道在分离的岁月里,锦席生了蛛网,玉床沾了游尘,空余帏帐的清香。他没有忘记她,与她一种相思,两处同愁。姑且将这肝肠寸断的款曲、千丝万缕的思念都糅进一纸书札,寄回家乡。

一张短短的诗笺,是天涯客一缕欲说还休的情,是深闺人一线花好月圆的盼。

她一霎便明白了他的心意,这一封薄薄的家书抵万金,是庭院深深的守望里,最及时的慰藉。很快,她回复了《答外》诗:

花庭丽景斜,兰牖轻风度。落日更新妆,开帘对春树。
鸣鹂叶中舞,戏蝶花间鹜。调瑟本要欢,心愁不成趣。
良会诚非远,佳期今不遇。欲知幽怨多,春闺深且暮。

——刘令娴《答外》

花庭景丽,兰窗风清,她换上了新妆,卷起了珠帘。帘外暮云春树,欢啼的黄鹂穿梭叶间,嬉戏的彩蝶枝头翩跹,这如画的风景里,为何那个娉婷的女子仍是愁眉不展,不得欢喜?

锦瑟无端五十弦,一弦一柱凝结着心愁。明知与你重逢的时日已不会太遥远,可仍是遗憾此时此刻的相隔相离。

春风温暖过境，春草缱绻而生，这如画的风景里，唯独少了个你。

南朝的闺怨诗不少，大多为男子拟作。刘令娴的诗意看似寻常，甚至有几分未经雕饰的朴拙，却是她婚后岁月的真实写照，是闺中思妇的真切心声。在抑扬顿挫、疾徐舒缓之间，无尽的意绪沉入深闺暮色里，留下的，是挥之不去的幽愁。

曾经的小别轻分，总以为会有重逢之日。哪知一朝轻别，便是死生异路，幽明永隔，再无相见之时！525年，徐悱在最好的年华里猝然辞世，死于任上。刘令娴望穿秋水的等候，没有换来归人嘚嘚的马蹄。曾经她虽然难过，却坚信别离有期、相见有时，可如今万千的诗行已欲寄无人。灵柩归来，悲伤难抑的她写下《祭夫文》，情词恳切，不忍卒读："呜呼哀哉！生死虽殊，情亲犹一。……昔奉齐眉，异于今日。从军暂别，且思楼中。伯游未反，尚比飞蓬。如当此诀，永痛无穷！百年何几，泉穴方同？"

在深情款款的叙述中，她回忆着往昔与夫君琴瑟相谐、诗词相酬的点滴，低眉回首间，一切愈加清晰在目。"一见无期，百身何赎"，后会无期，如何才能换得一次相见？"生死虽殊，情亲犹一"，生死殊途，却割不断贯穿肺腑的情深意长。"如当此诀，永痛无穷！百年何几，泉穴方同？"生则同衾，曾经的愿望是红尘紫陌的相爱相守；死则同穴，此刻的誓言是黄泉碧落的相依相随。这一番深情告白，打动了所有人。徐勉本想为儿子写一篇祭文，却在读罢她的祭文后搁笔。

刘令娴,就如她的名字一般,美好而娴静,她此后的人生不得而知,大抵也就删繁就简孀居后宅,静如枯水般了无波澜。但自明代开始,她身后却惹出了不少风波是非。明人杨慎蓄意发挥她的诗作《光宅寺》,"长廊欣目送,广殿悦逢迎。何当曲房里,幽隐无人声",解读为少妇与头陀的秘密私会;又将此诗与刘令娴所作的另一首诗《摘同心栀子赠谢娘,因附此诗》拼接为一首诗:"长廊欣目送,广殿悦逢迎。何当曲房里,幽隐无人声。两叶虽为赠,交情永未因。同心何处切,栀子最关人。"编织出世家才女与名门高僧之间一段隐秘晦涩的风流艳情。而《摘同心栀子赠谢娘,因附此诗》一诗,更是被好事者指为女子同性恋的发端。清代学者王士祯甚至扼腕:"勉名臣,俳名士,得此才女抑不幸耶?"(《池北偶谈》)

她的故事仿佛终止于徐悱去世的那一年,她的生平附着于其兄刘孝绰传中,正因为年光漫漶,史料稀薄,好事者便有了编排的机会与空间。而她所留下的为数不多的诗歌,又有几首充满讳莫如深的故事意蕴,足以发酵成泛着桃绯色的传奇韵事。

在刘令娴生活的时代,出身文学世家的女子常常雅集聚会,诗歌唱和,在她的诗题中,就曾出现"唐娘""谢娘",这些女子,或有与她身份相似的高门贵妇,或有少年相知的闺中密友。在历史的记载中,她的作品不少,《隋书·经籍志》录有集三卷,《旧唐书·经籍志》则录有六卷，如此频繁的创作活动，或许也显示着她曾是湘东王文学集团的重要成员，和湘东王萧绎、刘孝绰、阴铿、何思澄、孔翁归都有过诗歌唱和。她的才华，不仅在当时引发潮流，在后代也为世人瞩目。

遗憾的是，我们甚至不知道她去世何年，亦无从回顾那些年她走过的跌宕起伏。刘令娴至今仅存八首诗，载录于《玉台新咏》。也许，她后来深居简出，无心打理岁月的琴弦。也许，她在深闺里自开自落，守护一段刻骨铭心的记忆。也或者，她以诗歌之名，重新回到了属于她的舞台，愈加坚忍不拔地创作与生活。无论如何，这个美好娴静的女子，心中深情在，笔下天地宽，在那片深沉的春闺暮色里，她的生命也会依然美丽。

第三卷

错彩·隋唐

千金公主：公主琵琶幽怨多

> 盛衰等朝露，世道若浮萍。荣华实难守，池台终自平。
> 富贵今何在？空事写丹青。杯酒恒无乐，弦歌讵有声。
> 余本皇家子，漂流入虏廷。一朝睹成败，怀抱忽纵横。
> 古来共如此，非我独申名。惟有《明君曲》，偏伤远嫁情。
>
> ——千金公主《屏风诗》

大义公主，初名千金。循着这样一个光华闪耀的名字，可以想象这个女子在出生之时是怎样备受瞩目，惹人爱惜。在那个四分五裂的时代里，政权的取得和失去不过眨眼的工夫，当千金的父亲抱着他可爱的女儿之时，正是北齐政权与北周政权展开最为激烈的交锋之际。

这一年，恰好是563年。

这个名为千金的尊贵女子，正是站在权力峰尖之上的北周武帝的侄女、赵王宇文昭的女儿。

作为藩王的赵王宇文昭，并不是掌时代之舵的能手，他喜欢写诗作文，谈玄论道，和南北朝时期那些文人并无二致。他与著名文学家庾信交往甚密，多有唱和之作。自然，在父学熏陶下的千金也博览群书，写得一首好诗好字。

对于千金来说，这样的生活无疑是幸福的，和历史上任何一个王侯之女没有什么两样。但是王侯之门深似海，谁能做得了自己的主？千金幸福的少女时代不过是金丝雀的一双翠羽，而真正锁住她的是那个白玉为床金做马的皇权牢笼。

伯父武帝的死是北周政权由盛转衰的转折点，也是千金命运走向悲剧的十字路口。武帝死后，无知幼小的静帝即位。周大象二年（580年），千金被封为公主，出嫁突厥沙钵略可汗，以她的青春充当维持两国友好关系的工具。作为一个和亲的公主，远离家乡数千里，也许终生都不得再见亲人。千金的心里究竟曾有过怎样的风起云涌，我们已不得而知。千载琵琶作胡语，分明怨恨曲中论。出塞和亲的公主终不过是琵琶幽怨，相对悲秋。

如果生命的归宿就凝滞为一抹塞外的孤影，化为一声凄厉的雁啼，倒也算哀而不伤。毕竟岁月的悲愁总可以在疲长的时光里慢慢淡去，在一个荒芜的地方渐渐寻到内心的安宁，然后随之老去，到最后也未必悲凉。然而，命运对于这个尊贵女子做出了更为令人咋舌的安排。

在她出嫁后不久，因为周静帝年幼，执掌朝政的大臣杨坚，趁机篡权，以"禅让"形式，取代北周，一统天下，建立大隋王朝。

邦国覆灭，宗族被杀戮殆尽。远在突厥的千金听到这个消息，不幸之上又添一重。个人的不幸唯有生生吞下，只余冷暖自知，但千里之外最后的依恃和寄托也消散殆尽，家国的不幸重重压在她的肩上，这样一个虽是金贵却孱弱不堪的女子还能凭借什么力量活在世间？

好在她还有夫家。由于突厥在北方拥有强大的军事力量，隋文帝杨坚出于政治利益的需要，对这位千金公主也不能不加以笼络，因而赐姓为杨，编入杨家宗谱，改封她为"大义公主"。这是把她当作隋朝的宗室女儿看待，希望她深明"大义"，维护突厥与隋的友好关系。

只是，有些恩怨，哪里是一个封号或者几件恩赐就能化解的？明明姓作"宇文"的千金，曾经是那样耀眼的一个王侯名媛，轻易就被仇人改换了姓氏，改赐了封号，这在千金看来，不是恩典，而是更大的讽刺和耻辱！

她不能忘记昔年父伯在世时的锦绣生活，也无法释然杨坚带来的血与火。她不会原谅杨坚，而杨坚也无法做到完全信任她。

开皇九年（589年），隋攻灭南方的陈，隋文帝杨坚将陈后主宫中的一架屏风赐给大义公主。

这一刻，一直隐忍不发的千金终于无法抑制内心翻覆的感情，她看着那架富丽精致的屏风，如同自己的名字一般尊贵华美，却仍躲不过千金一掷为草芥的命运，复又想起这个屏风的主人，那个在风月里吟唱着玉树后庭花的男子，如今也不过是铁蹄下的一缕孤魂，不由得悲凉心恸，挥笔在屏风上写下那首凄凉无比的五言诗——

盛衰等朝露，世道若浮萍。荣华实难守，池台终自平。
富贵今何在？空事写丹青。杯酒恒无乐，弦歌讵有声。
余本皇家子，漂流入虏廷。一朝睹成败，怀抱忽纵横。
古来共如此，非我独申名。惟有《明君曲》，偏伤远嫁情。

这首诗情感充盈，悲愤溢于字里行间。这一刻的千金，悟到了盛衰荣辱的转换如同朝暮浮萍，原来都是不值一提，也无法恒久。国破家亡，身世飘零的孤女发出"杯酒恒无乐，弦歌讵有声"的慨叹，这世间任何事情都已经无法提起她的兴趣，杯酒也罢，弦歌也好，遇到内心的悲凉，都刹那黯淡无光。只是，她忘不了，"余本皇家子"的尊贵身份，忘不了曾作为"千金之女"的亮丽光芒，她一字一顿写下"漂流入虏廷"的句子，心中的不平之气是那么旺盛，而这旺盛的不平则鸣，也将她推到了生命的尽头。

杨坚看到了这首诗，看到了这个"怀抱忽纵横"的女子心底隐藏的那一团炽烈的火。这一把炽烈的火，随时都有可能烧遍整个大隋王朝。作为突厥王妃的前朝皇室千金，并不是一个没有任何势力的王门孤女，她的一举一动牵动着突厥王朝和大隋王朝的关系，可谓牵一发而动全身。杀伐决断的杨坚可不是什么善男，他开始伺机清除隐患。

593年，流浪到突厥的汉人杨钦声言：自己是大义公主的姑母西河公主派来的心腹，西河公主与丈夫打算与突厥联合发兵，灭隋复国。报仇心切的大义公主信以为真，并说服都蓝可汗雍虞闾发兵。传言杨钦很可能是隋朝派出的间谍，因为杨坚不久便得知此事，派长孙晟前往突厥捉拿杨钦，虽然都蓝可汗拒不承认，大义公主也怒骂隋使，但杨坚还是借机下诏废除了大义公主的公主封号。

失去了封号的大义公主犹如断了线的风筝陷入困境。这一重命运的转折，也将她推向了一道无法回头的深渊。

其时千金的丈夫沙钵略可汗已死，其子都蓝可汗雍虞闾在位，另一子染干分据北方。染干为了加强自己在突厥中的势力，向隋求婚，文帝派人告诉他："杀了大义公主，方能许婚。"染干便向雍虞闾进谗，唆使他杀了大义公主。

这一年，是596年，公主年仅33岁。

可怜红颜收白骨，无奈青冢葬孤魂。从北周千金公主到大隋大义公主，从大漠万里黄沙到隋朝璀璨宫廷，一代天之娇女最终在政治权谋的旋涡里憔悴了容颜，凋落了生命。功过春秋，自有史官去评说论道。但是总有那么一首幽怨的诗歌，在琵琶声里流传飘转，在浩瀚的沙漠里永久地回荡。

霍小玉：爱恨转眼繁花落

> 水纹珍簟思悠悠，千里佳期一夕休。
> 从此无心爱良夜，任他明月下西楼。
>
> ——李益《写情》

  泱泱大唐灿烂繁盛，回荡着自由而浪漫的气息。唐传奇里的霍小玉，是难得一见的烈性女子，她敢爱敢恨，遇到爱情时奋不顾身，失去时也决不妥协。她早已知道人间没有十全十美，可也决不能原谅辜负与背叛。

  生于王府，本该是富贵千金的霍小玉，因为父亲的死家道中落，流落民间。在红尘的最深处徘徊，成为一名歌伎。像所有会迷恋上才子佳人故事的少女一样，她遇到了命中注定的婆娑劫。他叫李益，是久负盛名的陇西才子，那时他年轻俊美，才高风雅，她一见倾心，以身相许。

  他初见她之时，"但觉一室之中，若琼林玉树，互相照曜，转盼精彩射人"。青春芳华的霍小玉，光彩夺目，他不由得动心动情，立下誓言，引喻山河，指诚日月，句句恳切，闻之动人。但转身之时，却将一身的似水柔情，拧得干干净净。两年之后的春天，李益拔萃登科，授郑县主簿。临别之际，小玉依依不舍，一曲折柳，阳关送别。那时的她，已然有一种不祥的预感，这一别，或许是春花秋月，等闲度过，或许是青山绿水，后会无期。

身为倡门女子，能遇一心人已是幸运，她不敢奢求太多，只是盼望着能与李益定下八年之约："妾年始十八，君才二十有二，迨君壮室之秋，犹有八岁。一生欢爱，愿毕此期。"然后，她就翩然离去，遁入空门，放他自由："然后妙选高门，以谐秦晋，亦未为晚。妾便舍弃人事，剪发披缁，夙昔之愿，于此足矣。"

人生最美好的八载年华，她只愿交付给他，陪他尽情绽放，而后转身湮灭，不惧枯萎，只把最美好的样子留给他。

张爱玲说，喜欢一个人，会低到尘埃里，然后开出花来。霍小玉早已明白他们的前途，也清楚地看到他们之间没有未来。所以不求天长地久，只求一段拥有，能让她抱着回忆慢慢变老。这样的情愫，令人太心酸。若不是身份低微，何须如此恳求？若不是孤苦无依，何须卑微誓言？可即使如此，她仍是想奢求一份露水情缘，即便是如短暂烟火，也好过平淡一生。

还记得初婚之夜，她就早已有隐微的担忧，"妾本倡家，自知非匹。今以色爱，托其仁贤。但虑一旦色衰，恩移情替，使女萝无托，秋扇见捐。极欢之际，不觉悲至"。那时她满腔柔情蜜意，自然想不到无根之情，再美也不过是刹那芳华。

李益到底还是辜负了她。这一场阳关送别，只留下落日余晖里那个匆匆消失的背影，和庭院深深里默然等候的寂寥女子。

此后李益音讯全无，渐行渐远渐无书，离人已在千山外。

漫长的等待中，她并不知道李益已经与世家之女卢氏定亲，正在筹集聘礼。直到一日小玉从李益的表弟那里得知了真相，终知再也召不回情郎。李益不愿再与她相见，不愿面对背信弃誓的谴责，选择了沉默和逃避。

原来云散高唐，水涸湘江，他们的情缘，也不过是尘梦一场。

《诗经》里说："士之耽兮，犹可说也。女之耽兮，不可说也。"在爱情里，男子能轻易抽身而走，女子却容易沉溺其中。其实李益早就说过："小娘子爱才，鄙夫重色。两好相映，才貌相兼。"他只是迷恋小玉的美色，而色衰必爱弛，终不能长久。

最后是豪士黄衫客仗义勇为，将李益抓到霍小玉面前，濒死的小玉终于能在负心人面前悲愤痛诉："我为女子，薄命如斯！君是丈夫，负心若此！韶颜稚齿，饮恨而终。慈母在堂，不能供养。绮罗弦管，从此永休。征痛黄泉，皆君所致。李君李君，今当永诀！我死之后，必为厉鬼，使君妻妾，终日不安！"而后掷杯于地，长恸号哭，数声而绝。

她至死而不予原谅，换取对他一生的惩罚。

霍小玉是传奇里不多见的烈性女子,她爱起来甘于牺牲,赌上全部青春,恨起来也绝不含糊。比起崔莺莺的被动软弱,身如漂萍的她却努力地溯游而上,想把命运的舵握在自己的手里。

她最后惨烈决然的背影,定格成一个反抗不屈的永恒姿势,这一世深情,虽败犹荣。

不过,比起唐传奇里的《霍小玉传》,我更喜欢明代汤显祖《紫钗记》里的李霍之恋。才子李益元宵夜赏灯,遇到才貌俱佳的霍小玉,两人一见倾心,随后以小玉误挂在梅树梢上的紫钗为信物,喜结良缘。故事里的李郎没有负心,小玉也不曾玉殒。高中状元的李益虽被卢太尉招为女婿,软禁府中,却始终心念小玉,深情不渝。豪士黄衫客化身为正义的守护神,令二人重逢,在小玉魂飞魄散之际,李益的执着呼唤将她拉回了尘世,误会解开,真相大白,他们重结连理,相爱白头。

这样的李益,才让人相信,他是那个"从此无心爱良夜,任他明月下西楼"的有情人。

大团圆结局常出现在明清戏剧里,比起唐传奇叙述里的客观冷静,汤显祖的诠释显得更有人间情味。爱憎分明的小玉拥有了一个圆满的结局,深情终不负,岁月还之以温柔。两相对比,外界的阻挠虽挡得住一颗左顾右盼的优柔之心,但坚固的感情,却终能被善待成全。不必去追究这是否只是一厢情愿的美好想象,只愿那个婉媚清烈的女子,抱守这样温情的终章。

李冶：入骨相思知不知

> 离人无语月无声，明月有光人有情。
> 别后相思人似月，云间水上到层城。
>
> ——李冶《明月夜留别》

人间词笔，最擅相思。才女之诗，也总是回避不了那一抹浓稠得化不开的思念。都说女子痴情，也只不过是因为男子太易薄情。

女子的才气，在一个不被认可的时代，不是幸运，而是灾难。少年的李冶，已经是名动一城的美女，"美姿容，神情萧散，专心翰墨，善弹琴，尤工格律。当时才子，颇夸纤丽，殊少荒艳之态"（《唐才子传》），可她的父亲，并不以此为荣。六岁时的李冶，望着满院的蔷薇，轻启稚口，朗声吟道："经时不架却，心绪乱纵横。"（《蔷薇诗》）父亲却心慌意乱，指责道："此女聪黠非常，恐为失行妇人。"红颜必是祸水，才女不免薄命，一个女性，拥有了美貌已是危险，若是还有些才华，那更是容易走入歧途，招来劫祸。

唐代道教兴盛，武则天的女儿太平公主曾出家为女道士，睿宗女金仙公主、玉真公主均曾为女道士，并为造金仙观、玉真观以居之。玄宗的杨贵妃，曾为女道士，玄宗女万安公主、新昌公主也均为女道士，此种风气之下，民间也颇有女子入道的风俗。家道中落的李冶，也走上了女冠之路。

尽管都是女冠，公主女冠和诗人女冠却是不同的。这层身份，既是自由，也是束缚。自由的是，向往浪漫俗世生活的她，拥有了一次自我选择的机会；束缚的是，在这样的时代里，职业女冠，注定是身份卑微的。李冶是何时成为女冠的，历史已渺不可知。但女冠的身份让她摆脱了婚姻的枷锁，可以随心所愿地与人交游。"茶圣"陆羽，诗僧皎然，诗人刘长卿、刘禹锡皆与她有诗文唱和。与男子大胆交往的特立独行，坐实了父亲早年的谶语。

她也曾爱过一个人：

望水试登山，山高湖又阔。
相思无晓夕，相望经年月。
郁郁山木荣，绵绵野花发。
别后无限情，相逢一时说。

——《寄朱放》

朱放，字长通，唐襄州人。他与江浙诸多名士才媛，皆有交情。风度清越、神情萧散的他，与李冶有着灵魂上的通契，两人的潇洒气质也颇为神合。诗中的想念，和我们日常的异地恋别无两样，登山涉水，只觉得山高水阔，所念之人，隔在远乡。"相思无晓夕，相望经年月"，思念不分昼夜，盼望也经年累月，字里行间，都显映着那个一往情深的姑娘。郁郁山木，绵绵野花，也不知流淌过多少个日月春秋，她还在想着，念着，期待着，盼望着，就等待重逢的那一日，将别后相思的无限情意，一一说给你听。

　　李冶对于"相思"的描写，透露着女子独特的生命体验。世人对于李冶的印象，大多是那个浪漫骀荡、艳旗高帜的女道士，可若不是历经一番彻骨的情事，又怎会写下这样深情的诗篇：

　　　　　　人道海水深，不抵相思半。
　　　　　　海水尚有涯，相思渺无畔。
　　　　　　携琴上高楼，楼虚月华满。
　　　　　　弹著相思曲，弦肠一时断。
　　　　　　　　　　　　——《相思怨》

　　世间相思，最为人所喜道。男子拟女子作相思之语的作品不少，但始终以己度人，未尝亲历。南北朝的范云，拟作《闺思诗》："春草醉春烟，深闺人独眠。积恨颜将老，相思心欲燃。几回明月夜，飞梦到郎边。"用的是惯常笔法，春草春烟，深闺独眠，颜色日衰，相思日盛，是推己及人的假想，虽也妥帖，却少了一点点的动人心魄。作为女子的李冶，她的相思并非拟托，而是真切地经历了百折千回的情愁。人道海水深，却不及相思的一半——这是多么痛的领悟：海水尚且有涯际，相思却杳渺幽深、无边无界。很久以后，北宋的晏殊也有一句相似的名句："天涯地角有穷时，只有相思无尽处。"

宋人陈振孙的《直斋书录解题》中，李冶存有《李季兰集》一卷，可如今我们能读到的李冶诗，只有十八首。我总觉得，她笔下最为勾人心魄的，是这几首缱绻缠绵的相思诗。在她的笔下，相思是久别重逢后的长诉，相思是弦丝掩抑的断肠。而在《明月夜留别》中，相思更如月照离人，悄然无声，却又默然含情。别离的背影，无声地远去，清亮的月色，照拂着有情人，在这光与影的迷离意境里，她与他相去渐远，心却仍牵一处。别后相思太沉重，不如化作轻盈的月，穿云涉水，抵达有你的城池：

离人无语月无声，明月有光人有情。
别后相思人似月，云间水上到层城。

也许是看惯了欢好别离，看透了人间情事，有一天，李冶从情爱中翩然抽身，写下总结世间感情变化真谛的《八至》：

至近至远东西，至深至浅清溪。
至高至明日月，至亲至疏夫妻。

一首只有二十四字的诗歌,却道尽了人间至理。古人认为天圆地方,东与西可以无限延长,而远近长短,始于脚下,故而"至近至远"。清澈的溪流看似见底,肉眼却无法辨其深浅,所以"至深至浅"。日升月潜,日落月出,亘古悬于青空之上,故有"至高至明"。前三句说了再多的道理,也不过是为了给最后一句铺垫——"至亲至疏夫妻",世间爱情,浓烈时欲生欲死,海誓山盟,恨不得两两相亲,融为一体;情到浓时情转薄,分手时亦仿如路人,漠然相对,好似彼此从未相识。他爱你的时候是真,不爱你也是真,可为何同一个人,却可以有如此真实而残忍的两面?这淡淡的几句,却揭露了一个冷酷的事实:许多男女做了多年夫妻,也似乎从未真的了解过枕边人,走入过对方的心。

我眼前的你,分明是曾爱过我的你,分明是我深爱的你,为何此刻,却变得如此陌生?

这一句,是多少夫妻感情破裂之后的慨叹!

至亲至疏,便是背后确凿而残酷的答案。

原来世界上最远的距离,便是我与你朝夕厮守,却从未两心相连。

后来黄周星感叹,若是这六句出于男子之口,则为薄幸无情,若出于妇人之口,则是防微虑患。若非历尽千帆,何以有此顿悟?那些相思的歌谣,飘零在水阔山长的路口,没有人拾起;那些年少的情愫,便也化作逝去的风絮,迷失于春去秋来的更迭里。入骨相思无人知,终随着时光沉淀。公元784年,李冶死于德宗皇帝的乱棒之下,不得善终,一个曾用毕生勇气追求过爱与自由的女人，在时代洪流的裹挟中，仓促地完结了一生。

后来的人们，渐渐忘却了她。只有那句"至亲至疏夫妻"，仍在续写着无数婚姻里的悲与欢、离与合。

薛涛：芙蓉空老蜀江花

> 诗篇调态人皆有，细腻风光我独知。
> 月下咏花怜暗澹，雨朝题柳为欹垂。
> 长教碧玉藏深处，总向红笺写自随。
> 老大不能收拾得，与君开似教男儿。
> ——薛涛《寄旧诗与元微之》

浣花堂里，枇杷树下，门前溪水日复一日，而她目光清冷，淡然平静，已然走过了半生纷纭。

薛涛，字洪度，唐朝著名的女诗人。她与李季兰、鱼玄机、刘采春并称唐朝"四大才女"，又与卓文君齐名，被称为"蜀中才女"。少年时的薛涛，生于书香门第，虽然清贫，但父亲薛郧对她极为疼爱，教她诗书礼仪、音律歌赋。那时她还是个粉雕玉琢的女孩，就已显现出与众不同的聪慧与才情。小院里梧桐高耸，薛郧随口赋诗："庭除一古桐，耸干入云中。"薛涛随即答道："枝迎南北鸟，叶送往来风。"父亲暗暗心惊,这一联虽然对得机敏,却寓意不祥,招凰引凤的梧桐却成了迎来送往的摇枝,似乎是暗喻着女儿未来的命运。后世之人总喜欢用想象去填补故事里的空白,命运的丝线是否在当初已经埋下了伏笔,无人可以得知。只是,这句诗谶为薛涛的故事蒙上了一层浪漫的诗性,也让她的人生,从最初的章节开始,就奠定了基调。

父亲的辞世令薛涛的生活发生了巨大转变,失去了依傍的她如同离枝的孤蕊,只能任由清风带她漂泊。此后辗转流离,母亲病逝,她被卖入教坊,成为一名乐伎。

与韦皋的相遇,是薛涛的缘与劫。韦皋出任剑南西川节度使,他为她的才情所倾倒,将她留在身侧,撰写公文,典校藏书,做他的"女校书"。他赐她锦衣华裳,捧她盛世诗名,甚至向朝廷上书要封她为"校书郎"。薛涛的诗,不再是埋藏在朱门绣户里的绮思妙语,而是教世人慨叹的才情无双。她周旋于达官贵人之间,真就应了昔年的那句诗谶。

她的成长十分迅速,不论是文牍之繁,还是时局之事,都能应付自如,一时间,才名传遍大江南北,出入皆为文士贵客。宾朋满座,薛涛像盛世的牡丹一样光彩夺目,仿佛自己和他们没什么不同。

可她到底是高看了自己。大抵是才名太盛一时得意忘形,她因事触怒了韦皋。一纸贬书,将她发配至偏远的松州。边塞的凄风吹裂了如凝脂的肌肤,荒原的苦雨浇冷了华胥里的诗情,她终于清醒过来——纸鸢飞得再高再远,终归脱离不了手中的线。

她字字悲切写下《十离诗》(《犬离主》《笔离手》《马离厩》《鹦鹉离笼》《燕离巢》《珠离掌》《鱼离池》《鹰离鞲》《竹离亭》《镜离台》),作为自我镜像的《十离诗》道出十种依附关系以及脱离依附关系后的悲惨结局。如同鸦随彩凤、蝇附骥尾、藤蔓攀缘枝干,她注定只能附立于他的身侧,盘旋于他的掌中。

这是一组求情诗,也是一封检讨书。

无法想象,曾经高洁雅致的才女,以犬马鸟兽比拟自己,将自己比为丧家之犬、离巢孤燕,这份委曲求全的"自我矮化"令人心疼不已。此时的薛涛,已经不再是那个绽放在大唐风华里的艳影,而是卑微到尘埃里的落叶,只愿以低眉折腰挽回主人的怜惜。

她以妥协换来了韦皋的原谅,他一纸将她召回。繁华过后见真淳,看惯人生起伏的薛涛,那份向往自由之身的心意愈加强烈。不久后她找到机会脱去乐籍,寓居于成都浣花溪畔的院落中,院中种满枇杷树。门前一水无情碧,洗落昔年的烛红酒绿,流荡开透亮的秋水长天。

生活重归平凡,但薛涛此时的心境却已如明镜通透。如果不是与元稹的那场邂逅,也许她的人生,就会清水无澜地过下去。

风流才子元稹,与他生命相关联的女子无数,每一个他都爱得欲生欲死,但最后我们不明白他到底爱谁。

元稹九岁能文,十五岁即明经擢第,二十四岁授校书郎,二十八岁官拜左拾遗,与白居易齐名,以"才子"名满天下。

作为诗人的元稹，写过深情入骨的诗句，令无数人为之动容。但作为恋人的元稹，却是个十足的"渣男"。世人都记得元稹那些走马变幻的情事。少年时鲜衣怒马，与表妹莺莺倾心相许，一首《明月三五夜》"待月西厢下，迎风户半开。拂墙花影动，疑是玉人来"写活了私情的萌发，月下金风玉露一相逢，便胜却人间无数情缘。可是，月光再亮，终究冰凉，姗姗月色，灼灼花影，并没有缠绕住枕边人的心。元稹应试而去，莺莺始终没有等来故人的归期。他另选高门女子韦丛为妻。莺莺嫁人后，他写作《莺莺传》，敷衍成传奇公诸于世，以能及时止损、拒绝诱惑的理由为自己洗白贴金，唯恐天下不知这段少年情事，一时间"里巷相传，为之纸贵"。

妻子韦丛早逝，他又一次显示文采，写下情深义重的《遣悲怀》三首与《离思》五首。

那是让人读来心疼泪流的诗句，无论何时念起，都以为是世间无法替代的爱情——

<blockquote>
曾经沧海难为水，除却巫山不是云。
取次花丛懒回顾，半缘修道半缘君。

——元稹《离思五首·其四》
</blockquote>

然而，这样的元稹，也用情意绵绵的诗句撩动了薛涛的心：

> 锦江滑腻蛾眉秀，幻出文君与薛涛。
> 言语巧偷鹦鹉舌，文章分得凤凰毛。
> 纷纷辞客多停笔，个个公卿欲梦刀。
> 别后相思隔烟水，菖蒲花发五云高。
>
> ——元稹《寄赠薛涛》

　　元和四年（809年），元稹出使东川，初识薛涛。彼时的薛涛，比元稹大了十一岁，也曾阅过世事起伏，品味过人情冷暖，却还是不小心沦陷在甜蜜的谎言里——不，我们也不能说元稹说的是谎言，他爱一个人的时候是真的爱，可是他的爱情太匆匆，更像是在追求刺激、享受激情，当上头的荷尔蒙退却，人性的本质便赤裸裸显露出来。陈寅恪曾评价元稹"巧宦巧婚"，在讲求"凡婚而不娶名家女，与仕而不由清望官，俱为社会所不齿"（《元白诗笺证稿》）的唐代，妻子的出身家世尤为重要，元稹这样追求前程的士子，自然在真正的婚姻大事面前，不会行差踏错一步。

　　所以，他会聘士族贵女韦丛为妻，会纳清白女子安仙嫔为妾，会娶名门闺秀裴淑为续弦，但绝不会为一个乐籍女子停留。他和薛涛，从一开始就注定了悲剧。

　　有情风万里卷潮来，却无情送潮归。当爱情的潮水退去，一切波平如镜，徒留薛涛在岸边独自踯躅。元稹写了很多令世人铭记的情诗，却不是面向同一个女子。他反复诉说着无限深情，但他倾诉的对象，却早已被数度修改了名字。

　　薛涛领悟到这些的时候，已燃尽半生风华。唯有门前浣花溪水，日复一日东流去。浣花溪是唐朝蜀中的造纸中心，溪边盛产竹、麻、椿、桑、木芙蓉等植物，可用于造纸。薛涛采集着木芙蓉皮，加入芙蓉花汁，让造纸的工匠改小纸张尺寸，做成小笺，染出深红、浅红、明黄等十种颜色，被称为"十样变笺"。十种颜色，如同人生中变化不息的心情，而她独爱深红色，将小诗题写于上，溪水清滑，纸笺光洁，一时流行，被人们称为"薛涛笺"，韦庄为之题写《乞彩笺歌》："人间无处买烟霞……一纸万金犹不惜。"

薛涛一生与众多文人交好，著名诗人王建为她写过《寄蜀中薛涛校书》：

万里桥边女校书，枇杷花里闭门居。
扫眉才子知多少，管领春风总不如。

元稹的好友，中唐大诗人白居易也曾寄诗薛涛：

峨眉山势接云霓，欲逐刘郎此路迷。
若似剡中容易到，春风犹隔武陵溪。

——白居易《与薛涛》

而当时还是个少年的杜牧将自己的诗作《题白蘋洲》寄予薛涛请求赐教，彼时薛涛已经五十多岁，早已是诗歌界鼎鼎有名的前辈。后辈前来赐教，她在夸奖之余也落落自谦：

> 双鱼底事到侬家，扑手新诗片片霞。
> 唱到白蘋洲畔曲，芙蓉空老蜀江花。
>
> ——薛涛《酬杜舍人》

薛涛离世后，"诗豪"刘禹锡与李德裕唱和，写下《和西川李尚书伤孔雀及薛涛之什》，颇为感伤：

> 玉儿已逐金镮葬，翠羽先随秋草萎。
> 唯见芙蓉含晓露，数行红泪滴清池。

她的一生，和那么多留名青史的名士都有过交集，但即便是身处于众星璀璨的唐诗史中，她仍用才情风度，为自己争到了一席永不褪色的位置。

很多年后，薛涛给元稹回过一首诗：

> 诗篇调态人皆有，细腻风光我独知。
> 月下咏花怜暗澹，雨朝题柳为欹垂。
> 长教碧玉藏深处，总向红笺写自随。
> 老大不能收拾得，与君开似教男儿。
>
> ——薛涛《寄旧诗与元微之》

她像旧日一样唤他"微之"，这个名字缠绕在心底，却很久不曾被提起。她出入幕僚，交游众多，与旁人酬唱都毕恭毕敬，称呼对方的官职："赠韦校书""酬辛员外""酬吴使君""寄孙处士""献武相国""赠萧中丞""寄吕侍御""上王尚书"……唯有对元稹，她唤"微之"。这样的称呼，元稹后来的妻子裴淑也用过，她曾有回赠元稹的《答微之》诗。时光荏苒，再默念起"微之"，薛涛已然可以与往事和解。此时的对白，凉却了往日的相思哀怨，措辞徐缓平和，如同对着一位多年未见的老友。她对着微之，说着自己的一生，都在写着诗歌，咏过花月，题过雨柳，红笺小字里的细腻风光，是否只有彼此才能会心一笑？如今我已老去，收拾不得，便陈列予君，告诉诗友们吧。

及时止损，是一个女人最高级的自律。若沉迷一段感情，自我纵情或是永久沉沦，丝毫不值得。爱情里最大的智慧，是放过与放下。在薛涛的人生里，或许她也有过候鸟归巢的期待，有过春风过境的喜悦，有过云烟散尽的伤逝，但所有的波澜起伏，都没有掩盖她斑斓的光芒。她生有乔木之姿，却只能在那个男权中心的时代里小心翼翼地萌芽生长，一度被修剪成一株供人观赏的盆景，舒展枝枝蔓蔓，迎合那些来去自如的宾客。但她仍在风雨的罅隙里坚忍地越过人间俗常，伸向诗与远方，以诗名和才名载进历史，成为被后世铭记的不朽传奇。

读她的诗，总能从那些节制隐忍的字斟句酌里，看到她在极力隐藏女性特质，洗刷掉其中的性别意味，努力向男性世界的规则与风貌靠拢。若换上一个时代，换却一重身份，或许她也能建功立业，指点江山，干一番轰轰烈烈的事业。好在，她仍在这逼仄的命途里，为自己拓出了一片自由天地。

  她让我们记得，浣花溪畔，那些泛着淡雅墨香的花笺，被水墨浸润的文采和被时光洇染的史迹。

第四卷

缱绻·宋元

黄妃：陌上花发春心待

> 黄妃古塔势穹窿，苍翠藤萝兀倚空。
> 奇景那知缘劫火，孤峰斜映夕阳红。
>
> ——许承祖

许承祖是乾隆年间的文人，游历西湖的时候曾留下这样一首诗歌。诗到清时，本已式微，但西湖之美景，倒也能催生出几分灵感来，譬如这首拟黄妃古塔的绝句，颇能描摹出古塔夕照的景致。

后来才知，原来这黄妃古塔，竟是今日的雷峰塔。

雷峰塔的故事，总让人联想到那个半仙半妖的女子，白衣白裙，以一把纸伞撑起一段情缘，以一片痴心化解十年囚禁。"雷峰塔"这三个字顿挫有力，恍如一道不可推倒的城墙，一道阻隔，便断了一生情分，遗下两处相思。可若再往历史的深处凝望，原来，它还有这样一个清幽柔丽的名字——黄妃塔，似是隐含着一段风光旖旎的宫闱秘史，给这古塔,换了一脸煞气,添了几分妩媚。

黄妃塔诞生之际,是一个混乱的年代。五代更替,赵宋渐强,吴越国夹在南唐与大宋之间,休养生息,安分守己。钱俶,作为彼时的吴越王,谙知在夹缝中生存的道理,悉心经营着自己的"一亩三分地",让西湖这一汪柔媚清水得以在乱世烽火中安然流淌,不息不绝。

那一年,他宠爱的黄妃为他诞下了麟儿,喜不自胜的吴越王,也不再顾得向来的节俭之习,想要给他的女人一个礼物。西湖浩渺清秀,周边山峦叠翠,可低矮的山脉起伏,总显得有些单薄。钱俶看着夕照峰低低的峰尖,突然想到在此处若能添些什么,岂不妙哉。于是,下令在夕照峰上修建一佛塔,定名黄妃塔,荫照子嗣连绵,祈福国泰民安。

钱俶不是个乱来的人,在那个乱世的尾巴上最终得以全身而退,他自有他的英明睿智。修塔本是奢靡之事,齐梁之警诫,武氏之失足,都是前车之鉴。但他还是做了,让人看到一个帝王偶尔抑制不住的不理性和小冲动,只为了,情。

我尤喜欢这样的情节,并非红颜如祸水,只是那一时三刻的非常态才教人心领神会这情深意长。钱俶如此并不奇怪,他的祖辈钱镠,便是那位写下"陌上花开,可缓缓归矣"的有情人。"陌上花开"的句子,仿佛柔软的春草撩拨人心底最轻暖的温情,陌上花开缓缓归,正应了夕照山上黄妃塔,历史在百年里遥相呼应,以最温情最柔软的姿态在乱世里凝成一轮斜塔的投影,一朵陌上花的幽香。

我相信钱俶是有情人,绝非单单一座塔或是一首诗。

藩镇割据的时代，国土四分五裂，大宋的铁蹄一一踏过平原山川，纵横南北，南唐、吴越、蜀国是彼时最为强盛的三大帝国，亦是大宋悬而未决的心病。赵匡胤以帝王之术，先是灭了蜀国，而后要挟南唐。钱俶面临两个选择，一是投靠大宋，二是相助南唐。朝中有臣子力谏："南唐乃吴越屏障，失唐如失吴越。"李煜也曾致书钱俶："今日无我，明日岂有君。"面对连天烽火，两相夹击，钱俶却做了一个惊人决定——"纳土归宋"！将"三千里锦绣山川"和"十一万带甲将士"，悉数献纳给大宋，从而在中国历史上第一次实现了一个强盛的割据王国与中央政权的和平统一。

或许这样的行为颇为那些胸怀帝王大业、有节有义的人所不齿，毕竟是不战而降，总登不得大雅之堂。可是，此后千百年间，没有人指责钱俶的"拱手相让"，只有两浙百姓感恩的声音连绵不绝，后代名士敬仰的情思邈远不歇。钱塘的繁华依然生生不息，西湖的清水依然源源不竭，荫泽了千秋万代，带给这里的子民，以希望与安宁。

"纳土归宋"的背后，是悲天悯人的情深义重。苍生何辜？战乱背负的不仅仅是宏图霸业，更是百万伏尸，何必要打仗，又何须去守城？钱俶比别人看得更远，他知道百姓要的不是一个姓"钱"的帝王或者叫作"吴越"的国家，而是真正安宁富庶不饥不寒的饱暖生活，至于这国家有什么样的名号，大可忽略不计。

这样的悲悯情怀总令人感动，尤其是在那样一个各自为政、各自谋利的乱世里。当年钱镠就一直以"善事中国"

和"保境安民"为国策,寄言子孙"要度德量力而识时务,如遇真主宜速归附",可想钱氏一族,都是这般有情有义之人。西湖水果然清澈纯美,能育出这样的一方人,想来那陌上春花,也该含笑而放了吧?

尽管世事难料,但善事总有人记在心里。躲过一场战争浩劫的吴越居民感谢钱氏的功德,世代流传的都是钱王兴修钱塘江堤等利国利民的事迹,甚至有钱王射退钱塘江潮之类的传说。直到六百余年后的明代末年,人们仍可看到"吴越之民,追思钱氏,百年如新"的情景。

钱俶有情,后人不负。黄妃塔的心愿寓意,终得以实现和绵延,亦不枉他当初的情意绵长,不负雷峰夕照的绚丽风光。

如今雷峰夕照的景致,仍是迷人。与许承祖诗中的意境极是呼应——太阳快落山的时候,晚霞满天,一片又一片的火烧云,在天空织成美丽的锦缎。阳光投到西湖的湖面上,湖面顿时闪烁起粼粼的波光,远处是高耸的雷峰塔,活泼的阳光爬满了塔身,参差斑驳的影子又掉落到平静的湖面上。山上纷繁树影,化作一幅浓妆淡彩的水墨画,山风拂来,西湖又泛起淡淡的笑纹,这是另一个版本的"陌上花开缓缓归",依旧温情而浪漫——陌上红豆花发,犹赖春心相待。

琴操：一曲玲珑人似梦

凤凰山下雨初晴，水风清，晚霞明。一朵芙蕖，开过尚盈盈。何处飞来双白鹭，如有意，慕娉婷。

忽闻江上弄哀筝，苦含情，遣谁听？烟敛云收，依约是湘灵。欲待曲终寻问取，人不见，数峰青。

——苏轼《江城子》

在宋人的逸事里，有这样一则故事。少女琴操是西湖之上名动一时的歌女，她的琴声清澈泠然，宛如从天上洒落的梨花雨。那一方泠泠七弦琴，在她纤细分明的手指下，能奏出变化无常的五音。她常常驾一叶画舫，绣帘微卷，半掩窗扉，游弋在玲珑的西子湖上。

北宋熙宁四年（1071年），时任杭州通判的苏轼驾一叶轻舟，飘然落于秀美的西湖之上。是哪里来的琴声惊动了这一脉柔波，令摇橹的双桨也颤动起来。那脉脉的琴声如诉，令听惯了丝竹管弦的苏轼不由得感到惊讶——因为，琴声里所透出来的沉郁苍凉，洗尽铅华而又以素面朝天，绝不似一般调笑弄情的俗乐。可是，当他努力想分辨出琴声究竟来自何处之时，却只看到浩渺清波，余晖灿烂，而湖上风烟轻绕，无踪无影。

他失落地站在船头，写下《江城子·凤凰山下雨初晴》。

而那弄筝的少女，却隐在烟水之中，茫茫不相见。

当名动一时的文章太守出现在西湖之畔之际，正是少女琴操最风华正茂之时。当年，"苏门四学士"之一的秦观曾写过一首《满庭芳》。北宋的春天，西湖的画舫上酒宴正酣。一个官员一时兴起张口就唱《满庭芳》，却把"画角声断谯门"唱成了"画角声断斜阳"。琴操听闻抿嘴一笑。官员大窘，想找个台阶下，就问琴操："你能按'阳'字韵把此词改唱吗？"少女琴操款款来到琴前，一边抚琴一边开唱了，几乎没有思索就把"山抹微云秦学士"的《满庭芳》改唱得婉转动人。一样清雅纤巧的词句，一样寥落伤感的意象，似乎丝毫都没有改动少游词中的意境，却又不露声色地改变了全词的韵脚。琴操的才情，似乎这时便已经展露风华，连在座的秦观本人也不得不叹服。

有了这样的伏笔，便一定会有一段金风玉露的故事。终于，在一个初春的早晨，苏轼与琴操在湖上相遇。有些邂逅，我们并不知是缘还是劫，因为故事刚刚开始的时候，宛如遇见浑然天成的交集。

苏轼遇见琴操，就像所有才子遇见佳人一样——悸动、怜惜、欣赏、喜欢……而唯一不能给的，就是回报以等额的爱。他是风流天下的文章太守,而她只是一名身不得自由的羸弱歌姬,他们在湖光山色里诗词唱和,琴酒风流,却终究不能安枕同衾,携手同归。

那一日,雨初晴,湖上烟波浩渺,苏轼与琴操对酌:"我来做长老,你来参禅如何?"琴操应允。东坡问,"何谓湖中景?"琴操答:"落霞与孤鹜齐飞,秋水共长天一色。"东坡又问:"何谓景中人?"琴操对曰:"裙拖六幅长江水,髻挽巫山一段云。""何谓人中意?""随他杨学士,鳖杀鲍参军。""如此究竟如何?"东坡追问,琴操一时默然。苏东坡这时拍案而起,说:"门前冷落车马稀,老大嫁作商人妇。"

不由得想起当年青衫公子白居易于浔阳江头偶遇琵琶女,同样的为之震撼为之倾倒,为之落泪为之伤情。"今年欢笑复明年,秋月春风等闲度。"那个和琴操一样拥有音乐才华的女人,终抵不过年老色衰、嫁作商贾之妇的结局。苏轼的警醒是没有错的,可他的警醒又是如此无情——原来,他也不愿意作她的依靠,不愿意给她一弯强有力的臂膀,不愿意为她搭起一方暖巢,供她安乐余生。

不是没有失望的,不是不曾怨怼,可是太守与营妓,隔了秋水长空,不啻于云泥之别。琴操幻灭了,这幻灭来得如此迅速如此激烈如此深重而痛楚,她写下一阕《谢东坡歌》——"我也不愿苦从良,我也不愿乐从良。从此念佛向西方。"

欲洁何曾洁,云空未必空,越是在泥泞中蹒跚,越是向往那海天之上的浮云纯色。这不免让人想到《红楼梦》中那个"气质美如兰、才华馥比仙"的道姑妙玉，她拥有一颗七窍玲珑锦绣心，她出尘脱俗自谓为天地槛外之人，即使如此，她也终归"风尘肮脏违心愿"。事与愿违的事太多，可是最残酷无情的，莫过于有着洁癖的心，却终究要委身于泥土。

言下大悟的琴操遂削发为尼，在杭州知府治下的临安玲珑山别院出家修行，草庵青灯，潜心念经。青灯古卷伴随着迟迟老去的女子，岁月长长辜负了三春二月天。换下绮罗霓裳，披上素衣袈裟，琴操一脸素颜，在落落风尘中朝渺渺湖光投下最后一瞥，这是她对茫茫尘俗最后的深情，而后，慧剑斩断所有的眷恋和念想，转身再无留恋。

琴操出家后，前两年苏东坡、黄庭坚还有佛印和尚经常来玲珑山，和她品琴论诗。修行也许太孤寂了，让一个少女，在古佛青灯之间渐渐老去，是何等的残忍。这也是苏东坡和琴操故事中，最令人遗憾的地方。但结局无法改变，诗人和歌伎的相识，必定是一段宿缘，苏东坡后来一次次踏马玲珑山就是对这段情缘最好的注释。

北宋熙宁七年（1074年），苏东坡离任北上，看着诗人越来越远的背影，琴操的心扉也渐渐关上了。任凭风吹裙袂，她的心已不起波澜。琴操在进入玲珑山八年后，听到被朝廷勒令还俗的诗僧参寥带来的消息，苏东坡已被贬至南海中的儋州，也就是现在的海南。薄暮中的琴操茫然若失，不出数月，郁郁而终，时年不过二十四岁。而此时，远在边陲的苏东坡,听人说起琴操的死讯,面壁而泣,只说了一句话——是我误她。

苏东坡想起自己最后一次见到琴操,是在他离开杭州前。那是个草长莺飞的四月,苏东坡策马狂奔,他回首时忧伤的一瞥在琴操的心中铭刻了一生。而那一个裙裾飘飘、抚琴而歌的少女琴操,她那曼妙的手势,和空谷琴声一样,也烙在诗人苏东坡的心里。

很久很久以后,久到故事都埋没在烟云逝水里,民国诗人郁达夫在一个淫雨霏霏的日子踏上临安玲珑山。在山间的小径上,他看到了琴操墓。"山既玲珑水亦清,东坡曾此访云英。如何八卷临安志,不记琴操一段情。"这位"生怕情多累美人"的风流才子对千年之前的少女生发出无限怜爱之情,在泛着颓败的凄美的玲珑山里,在荒草寂寂的琴操墓前,他仿佛又听到了多年以前清澈泠然的琴音,那声音宛如从天上飘洒而来,散落成千万瓣纷飞的梨花雨。

在诗人的心中,落发出家的琴操是绝然出尘的清莲,她终于如她所希望的那样,远离尘俗的污垢,保持了她独有的清澈与纯净,可是,欲洁何曾洁,云空未必空,她又何曾真的放下内心对漫漫红尘的眷恋和不舍?她是不幸的,落入营伎生涯,赔笑君前;她又是幸运的,遁入空门以求守身如玉,最终保全自己。不知后来生命将尽的琴操,想起这样的一生,又会报以怎样的态度?

风露清愁,酒意微醺,那个踏马青山的翩翩公子与她诗酒风流,却终归不是她梦里的良人。让一个身负才情的少女如此老去，又何尝不是苏轼的自私？不忍说华年，垂垂迟暮天，她孤身一人在玲珑山上看着流云离散，孤鸿独飞，原来人生的底色，到底是孤独的。

这个故事毕竟禅意太浓，了无情趣。喜欢听故事的人，会更喜欢后人笔记小说里的情节：即"琴操年少于东坡"，和诗人有过一段忘年情。宋人一笔带过的情事，在元朝后被敷衍成悲欢离合的戏曲，比如《金莲记》和《红莲债》。

琴声如诉，有一首诗大概能给琴操短暂而又绮丽的一生做一个注脚：

> 算做一次过客在宇宙里，
> 认识这玲珑的生从容的死，
> 这飘忽的途程也就是个——
> 也就是个美丽美丽的梦。

如梦初醒时分，她的琴声依然清澈泠然，一如朗风梳明月，一如流水绕孤山。

王莹卿：只应碧落重相见

> 帘影摇花，簟纹浮水，绿阴亭院清幽。夜长人静，赢得许多愁。空忆当时月色，小窗外、情话绸缪。临风泪，抛成暮雨，犹向楚山头。
>
> 殷勤红一叶，传来密意，佳好新求。奈百端闲阻，恩爱休休。应是红颜薄命，难消受、俊雅风流。须相念，重寻旧约，休忘杜家秋。
>
> ——王莹卿《满庭芳》

在倾城的碧色间，他们相遇在杏花烟雨里。

年轻的少女大概是头一次见到这样的翩翩浊世佳公子，尽管同郡也有些年轻的公子，但眼前这位剑眉星目，却又温文儒雅的男子却仿如是从猗猗绿竹里走来的"如切如磋、如琢如磨"的君子——他叫申纯，是她的表兄。

情不知所起，也不知道是哪一日，悄然于心底暗生的苔绿，邂逅了倾城的春雨，密密麻麻地，蔓上了整个心窗。她知道，她对他，突地就生出了另一种感情。

　　庭院深深锁春寒，那时还很年轻，未曾看过世外天地。可偏偏，爱情总在少不经事的时候来临，没有心机世故、没有丝毫经验，彼此干净得宛如一笺白纸，轻轻款款地，等待清词丽句去点染——在最美好的年华里，你不经意来到我的生命里，伴我竹窗消夏，听我琴音渺远，陪我长夜数流萤。

　　申纯成了王莹卿生命里，刻骨铭心的第一次动情。

　　可是，年少的爱情里总会有些发霉的湿苔，于心底暗生龃龉。

　　她叫飞红，聪慧美丽，样样不输自己。"有婢飞红，才貌不亚于娇娘（王莹卿小字娇娘），申偶与近，为娇娘所责，于是百端阻挠，二人即欲见面亦不得。"表哥见到这样的女子，也不由得要欣赏一番。天真烂漫的莹卿吃醋了，仗着自己是小姐，她责怪起飞红的不知礼数。女子之间的争斗，最为含蓄，却也最刻薄，飞红亦不是平庸人家忍气吞声的小丫头，她颇有些"晴雯撕扇"的气节，竟暗自与小姐较起劲来。

　　可是，真正的爱情，又何须去比较与嫉妒呢？——真正懂你的人，又怎会轻易拿你去与别人比较？

　　申纯也不会。他并非《会真记》里张生那般负心薄幸的男子，不久后，他以中表亲之名向王通判提亲。然而，王通判没有应允申纯。莹卿这才悟到当初与飞红为敌是件多么愚蠢的事情，飞红是那般聪颖灵慧的女子，又得父亲的宠爱，此刻，也只能求教于她。

于是，莹卿收起醋意，诚诚恳恳向飞红示好，尊她敬她，百般求教于她。到底是高风亮节的女子，飞红也不是刻意要与莹卿过不去，她只是见不得别人"以小人之心度君子之腹"，污损了自己的气节，既然莹卿示弱，她也得饶人处且饶人。于是，她临阵倒戈，暗中帮助二人。

这一年，风雨潇潇，母亲去世了。父亲接到一纸调令，将要离开这个地方。垂垂已老的父亲没有举家迁徙，只是孤身一人去往了他乡，临走时，交代申纯照顾好王家剩下的家眷。

父亲临走时的嘱咐仿佛是一种晦涩的暗示，也似乎是一次含蓄的考验。申纯勇敢地把握了这次机会，"通判任职出外，申为经纪其家，事事有伦"。他表现出惊人的才干和过人的气度，让归来的父亲惊叹不止。

崎岖的夜路终于浮现了一丝微亮的曙光，干涸的沙漠中惊现一片碧意盈盈的绿洲。他们的爱，似乎终于要开花结果了。父亲命令飞红去考察申纯，飞红也不遗余力地撮合这一对苦命鸳鸯。守得云开见月明，一切终于要花开并蒂，叶落瓜熟。

愿得一心人，白首不相离，是埋藏心底的深深愿，一旦出口，却留待一夕风雨尽数摧。

生如陌上花，风起何斯往？人生太难把握自己的命运，而世事总有这样那样的阴错阳差，那一瞬间转折的来临，没有预兆、无根无由，杀得你措手不及。

同郡的将帅之子遇见了王莹卿，这个有着花一般容颜和水一般的诗意的女子让显贵的纨绔公子怦然心动。他倚仗父辈的权势给王家施加压力，王通判最终在盘根错节的势力中不得不被迫应允婚事。

莹卿知道，父亲也是不愿意的，申纯的好处，明眼人一见便知。可是她也知道，在那样一个风雨飘摇的年代，飘飘何所似，只如天地一沙鸥，谁又能主宰自己的命运？红粉飘零，落红委地，原本是再寻常不过的结局。

那个清夜，冷香萦遍旧时的红桥，青烟轻染楼头的嫩柳，万般无奈的少女，挥笔写下这如泣如诉的断肠之词——《满庭芳》：

> 帘影摇花，簟纹浮水，绿阴亭院清幽。夜长人静，赢得许多愁。空忆当时月色，小窗外，情话绸缪。临风泪，抛成暮雨，犹向楚山头。
>
> 殷勤红一叶，传来密意，佳好新求。奈百端闲阻，恩爱休休。应是红颜薄命，难消受、俊雅风流。须相念，重寻旧约，休忘杜家秋。

似此星辰，却非昨夜。临风落下的清泪，都染成潇潇暮雨，却仍是不甘心地飘向楚山。满腔的柔情，若是能化为巫山的雨，楚地的云，伴君朝朝暮暮，又该有多好？好的姻缘，总需要天意来成全，可为何，却是如此一波三折？她深深地幻灭了，幻灭到灵魂深处只剩下一片孑然与孤单，她说"应是红颜命薄，难消受、俊雅风流"，可这万分无奈之下深藏的是满腹的失望与不甘，是无尽的哀伤和恨意，天若有情天亦老，人间福慧难双修。山穷水尽之后，她只得顾影自悼，却还不忘嘱咐恋人——"休忘杜家秋。"

杜秋娘是唐时金陵女子，曾是节度使李锜的妾，后入宫为宪宗宠幸。后来她成为时为太子的穆宗的保姆，穆宗被废之后，她返还故乡，孤老无依。色衰而年老，落寞而终。写诗的莹卿，明明已经万念俱灰，却还是记得要提醒他——黄泉碧落，红尘紫陌，若我们还能相见，我只愿你，依然记得我。

思君令人老，岁月忽已晚，当聘书下达，婚期在望，王莹卿终于知道再也等不来命运的转折，缘分没有下一个路口。她在病床之上写下一首绝命诗《寄别申生》：

<blockquote>
月有阴晴与圆缺，人有悲欢与会别。
拥炉细语鬼神知，拚把红颜为君绝。
</blockquote>

笔下千重泪，化于诗中也了无痕迹，只有决绝的、不容转圜的、不由分说的誓言，要么完整充沛地爱下去，要么决然勇敢地死去，她就是这样一个极致的女子，有崔莺莺的端庄娇弱也有杜丽娘的坚贞执着。分钗断袖的那一刻，她亦不曾犹豫半分。

不由得让人想起很久很久以前，那个举身赴清池的刘兰芝，一样地毅然决然，一样地斩断后路，一样地宁为玉碎，不为瓦全。

申纯也没有令人失望，他放下了锦绣前程，以绝食反抗命运。不久之后，他追随莹卿，绝食而终。

　　情不知所起，一往而深。生者可以死，死者却终难复生。

　　许多年后，在他们合葬的锦水之畔，常有鸳鸯流连忘返。水畔的荒墓寸草不生，唯有他们的墓上草木萋萋，花开不谢。黄泉碧落，天上人间，他们总会相见。

陈妙常：请容我半晌贪欢

> 月明云淡露华浓，欹枕愁听四壁蛩。伤秋宋玉赋西风。落叶惊残梦，闲步芳尘数落红。
> ——《玉簪记·琴挑·懒画眉》

故事是从一座尼姑庵开始。

青灯黄卷，禅香横溢，所有人都在佛光普照下默默诵经。可是那个淡墨轻衫的女子眼神里为何透出遮掩不住的灵气和躁动来？她叫陈妙常，是临江青石镇郊女贞庵中的一名女尼，清规戒律之下，少女的活泼灵动早被硬生生地压抑下来，妙常跟着师父们住在这小小庭院里，一惯知书达理、墨守清规，可是像每一个韶华茂年的女子一样，她常常抬头，对三寸天空之外的世界，充满好奇和向往。

这是在南宋高宗绍兴年间，陈家本来就是临江的官宦之家，只因陈妙常自幼体弱多病，命犯孤魔，父母才将她舍入空门，削发为尼。一个少女最好的年纪莫过于十五六岁，少年的童稚渐渐散去，而勃发的女性气质平添了庄重和秀雅。也就是这一年，尼姑庵里的陈妙常迎来了她生命中最明媚的一个春天。

当时，寺庙庵刹遍及全国各地，大多备有洁净雅室，以供远道而来的香客住宿祈梦，和尚庙里可住女客，尼姑庵内也可供男客过夜。久而久之，通衢大道附近的寺庙庵刹，大都肩负着为旅客服务的任务，这座女贞庵也不例外。正是初秋时节，奉命上任的张孝祥路过此地，一行人便住了下来。

在月白风清的夜里，他忽然听到了隔壁厢房传来的幽渺琴音，那琴音初听上去宁静空灵，宛如云水禅心，可再细细分辨，又似有些幽思灵性，像是一汪深潭里的清水微澜。他循着月色转过朱阁，绕过绮户，便遇到了那月色之下焚香弄琴的白袍少女——陈妙常，她秀逸超绝的姿态顿时就打动了他，几乎是脱口而出的一首《临江仙》：

> 误入蓬莱仙境，松风十里凄凉。众中仙子淡梳妆。瑶琴横膝上，一曲泛宫商。
>
> 独步寂寥归去睡，月华冷淡高堂。觉来犹惜有余香，有心归洛浦，无计梦襄王。

文人的灵感涌上心头，仿佛摘下路边一朵轻盈的小花。可惜久居庵中的小尼姑可不像秦楼楚馆里倚门卖笑的红粉佳人，凭一曲新词就能琴瑟和谐。陈妙常只是默默抚琴，用一首《杨柳枝词》婉拒了他——

清静堂前不卷帘。景悠然。闲花野草漫连天。莫胡言。独坐洞房谁是伴。一炉烟。闲来窗下理琴弦。小神仙。

小姑娘才思敏捷，出口应对，回绝得婉转巧妙。张孝祥自觉理亏，不便再叨扰对方。这一个夜晚也就无风无雨地过去了，可是这一个夜晚却留在了二人的心里，张孝祥暗自记住了女贞庵里那位清丽脱俗的妙龄女尼，而陈妙常却因为这个词人的突然闯入，打开了心中那一方三春二月天。

青春就是一段美妙无比的时光，它应当泛着桃红色的光，有采撷不尽的落英缤纷。在清寂的院墙里，陈妙常凝视着四季，似乎从来没有什么变化。可是似乎一年一年，有什么美丽神秘而又惶恐不安的东西，像是啃噬着绿芽的小蜜蜂，又像是叽叽喳喳的子规的啼鸣，慢慢地，随着春天苏醒了。潘必正的出现，恰恰是时候。

爱情来临，不分轻重缓急，只有那一时三刻的天时地利，才有下一秒电光石火的心有灵犀。潘必正是因为听张孝祥说起女贞庵里遗世独立的绝代佳人，才不远万里兼程而来，只为睹红颜一笑。而陈妙常刚刚到了正当好的年纪，像一朵花，想要绽放，像一片云，就要化成雨。

《玉簪记》里《琴挑》那一出，便是对这一场邂逅的复现。

书生潘必正一袭淡蓝轻衫，一曲撩荡人心的《懒画眉》唱得人意乱情迷："月明云淡露华浓，欹枕愁听四壁蛩。伤秋宋玉赋西风。落叶惊残梦，闲步芳尘数落红。"

陈妙常白袍缓带，款款而来："粉墙花影自重重，帘卷残荷水殿风，抱琴弹向月明中。香袅金猊动，人在蓬莱第几宫。"

连日来懒懒的意绪堆积成满心萧索，乍现的春光让这妙龄的少女突然有了些许兴致，积满灰尘的冰弦撩起了久未梳理的情怀，月光如水，夜色新凉，正是风轻云淡时。她奏起一曲《潇湘水云》，琴音悠长绵邈。偶然路过的潘必正，就这样与一段良辰美景相遇。他的心，随着一曲一调起起落落，多少情愫，欲说还休。人世间这场初遇于他们而言，仿佛只是久别重逢。一个是风流俊雅浪漫才子早已情根深种，一个是绮年玉貌外表孤冷内心却焦灼如焚，古寺的晚钟不经意便惊醒了初生的爱情，坚实的庙墙也抵挡不住自由灵魂破土而出——窗外春光明媚，一声惊蛰破了长空。

都说色相是空可我偏偏挪不开眼，都说如梦幻泡影可我偏偏相信一眼万年。小尼姑动了春心真是要推倒了院墙重见阳光，可惜汗牛充栋的经卷、不见天日的修行密密层层地掩住了那颗要开出花来的心灵，她对他早已一见钟情，那个漾着琴音的夜里就已经在心里私定了终生，可是人前人后，她还要不动声色地走下去。

还好故事的结局总算没有太糟糕，张孝祥这时候便当仁不让地出马了，他巧设计谋让二人终于结为连理，大梵天里的女尼回归这茫茫漫漫尘世间，如愿以偿变成宜家宜室的美娇娘。《玉簪记》里写得更是百转千回，经过了琴心轻挑，情意初发，那些来不及说出的话语隐在唇齿间，还要等时间来发酵。书生潘必正早已种下了情根,却因妙常那进退有据的态度失了魂魄,身似浮云,心如飞絮,气若游丝,硬生生害了相思。妙常前去问病,言辞之间,暗通款曲。

得到了确实的暗示,他总归是知道,这份情未曾认错人。于是又有了"偷诗"的故事:

寂寞古寺,分明庭院,幽淡的檀香穿过重重回廊,缭绕在禅房花木间。小尼姑执笔凝思,那些藏在心底的小情绪终于泄露了出来:

松舍清灯闪闪,云堂钟鼓沉沉。黄昏独自展孤衾,欲睡先愁不稳。

一念静中思动,遍身欲火难禁。强将津唾咽凡心,争奈凡心转盛。

——陈妙常《西江月》

这一刻她忘记了书卷经文,忘记了木鱼青灯,只记得她是个需要爱与被爱的女子,记得她喜欢的那个人。真好,她还没有丢失女子最漂亮的姿态——有心,有爱。她沉沉睡去,却不知道窗外有人正看着她,潘必正悄悄来到桌前,看到那首小诗——原来松风夜静、青灯明灭的长夜里,她也和他一样辗转难眠,翻腾于无尽的苍茫里,等待着一个深情的怀抱。爱情最好的时刻,就是我们什么都没有说出口,但是却真真切切地知道,你爱我。

妙常醒来,找不到诗帖,乱了心扉。知道是潘必正拿去了，羞愤不已，却又暗自窃喜。千方掩盖的小心思，想让你知道，却又害怕你知道，既然你已知道，那我便只能束手就擒。潘必正手拿诗帖，几番逼问，陈妙常终于卸下羞涩，吐露真情。两人订立盟誓，终于携手成双。

有人说："只看《琴挑》和《偷诗》，《玉簪记》是颇轻浮的。"可它轻浮得好。这才是青春的本意。陈妙常弹的不是那云心水心，潘必正偷的也不是一首午后小诗，而是未被青灯燃尽的那一段热血青春。

大概是小尼姑和书生的故事太新颖有趣，人们总盼着爱情能具有压倒一切的力量，那样如潮水般汹涌的力量甚至可以抵御世间任何一种规则制度，哪怕梵音清远，你我相隔万里红尘。戏里戏外，这个故事因此而经久不衰地流传下来。最后完美的结局，是他们的好运气，也是我们的愿望。

佛家里说人生有七苦，爱恨别离都是苦，情爱更是这一切痛苦的来源。倘若人间世事，果真"如梦幻泡影，如露亦如电"，那么，请容我半晌贪欢。

戴复古妻：绝然女子决绝词

惜多才，怜薄命，无计可留汝。揉碎花笺，忍写断肠句。道傍杨柳依依，千丝万缕，抵不住、一分愁绪。

如何诉？便教缘尽今生，此身已轻许。捉月盟言，不是梦中语。后回君若重来，不相忘处，把杯酒、浇奴坟土。

——戴复古妻《祝英台近》

这首词读来令人潸然。

更令人潸然的是，这首词的作者，连姓名亦不能存留。她的名字要永远和伤她至深的丈夫连在一起，世世代代，流传不息。

她是戴复古的妻子，可是，或许，如果可以再度选择，她希望早些遇见他，或者不要遇见他——总之，不要在那么个错误的时候，爱上一个不该爱的他。

那一年，戴复古还只是个不名一文的白衣书生，怀着满心壮志踏上游宦之途。春光烂漫时节，莺啼春不尽，燕语促芳菲，这个颇有些才华的读书人被江右武宁某个富家翁相中了，那富家翁不但资以钱财，还将家中的掌上明珠许配给他。很难揣测彼时的戴复古心中究竟是流连富贵还是恋栈温暖。总之，这个年轻人答应了婚事，轻易许诺了那个女子一生幸福。

可是，他给不起。

二三年后，戴复古忽然告诉他的妻子，他要离开。她讶异，他却告诉她，他在家乡已有了妻子。于是，这个消息如同跌落池塘的石子，在富家翁家中激起层层浪潮："妻白之父，父怒。妻婉曲解释。"（《南村辍耕录》）这个女子是如此善良温厚，当父亲要质问甚或惩罚女婿的不诚不忠，她挺身相护婉曲求全。

倘若只是这样，倒也无甚可言。她爱他，所以包容他，或者，她在重叠封建束缚下，早已看开。可是，就是在那么一天，她静静提起笔，凄凉写下那首《祝英台近》，字字深情，声声掩抑，然而哀而不怨，没有一丝丝怪罪的意味——

夫君，我不怨你，只怨自己与你相遇太晚，恨不相逢未娶时。

父亲，我不怨你，只怨自己与他有缘无分，不能此生此世一处共结缡。

苍天，我不怨你，只怨自己轻许此身，纵然身败名裂留不住良人也无可奈何。

她把所有的罪责归结为自己——是自己薄命不幸，命中有此劫数，无可脱逃。

那日风又飘飘，雨也潇潇。长亭之上，她把这首诗赠给与他共结三年情缘的丈夫，看着他的背影渐渐消失在莽莽苍山迢迢碧水后，心中早已有所决定。

戴复古并没有看出词中的暗示，或许，他只当这是普通的一首诀别词。十年之后，戴复古再度回到武宁，想见见昔日的爱人，却发现妻子在自己走后竟然赴水而死！直到此时，戴复古方才读懂那词里千秋——她爱他，所以面对他的离去，她只能以死来祭奠。

无端揣测，那个他离去的夜晚，她披着冷月的霜华，鬓角还沾着杏花，一步一步，靠近折射着白芒的湖面，她萧索的影子被月光拉得好长好长，带水的路面上有她浅浅的足痕。直到清晨穹庐泛白，她的身影终于消失不见，白露横江，水波不兴，好像昨夜什么也没有发生。而一个纯洁挚爱的灵魂，已然升上了云霄。是的，我相信，她已经抵达了某个姹紫嫣红的仙境，静静等待她的爱与她重逢。

他再翻起她那秀丽小楷："惜多才，怜薄命，无计可留汝。"这三句劈头而来，却说尽二人悲剧。"揉碎花笺，忍写断肠句。"揉碎的岂止花笺？还有她如鲜妍春花般的心。"道傍杨柳依依，千丝万缕，抵不住、一分愁绪。"惜别之处，柳浪月残，依依恍然又在眼前。"捉月盟言，不是梦中语。"原来，他也曾对她说过这样的情话——若是你要天上的月亮，我就替你上天去摘下来。只可惜，不是梦中语，却比梦还要空虚。"后回君若重来,不相忘处,把杯酒、浇奴坟土。"原来这最后的一句话,是这样决然的隐喻,而粗心如他,竟然晚了十年方知。

或许,在她的眼中,一生只能爱一次。爱过了痛过了冷却了只好放手了,那么,就以死来结束。

生无可恋,死又何妨?何况,问世间情为何物,本来就教人生死相许。

他终于看懂了。于是他悲痛写下《木兰花慢》,作为和诗:

莺啼啼不尽,任燕语、语难通。这一点闲愁,十年不断,恼乱春风。重来故人不见,但依然、杨柳小楼东。记得同题粉壁,而今壁破无踪。

兰皋新涨绿溶溶。流恨落花红。念著破春衫,当时送别,灯下裁缝。相思谩然自苦,算云烟、过眼总成空。落日楚天无际,凭栏目送飞鸿。

故事到此戛然而止。那是元人陶宗仪的笔记《南村耕缀录》里记录的一个故事。

它总会让我联想,那些一样的悲情:石板路上传来马蹄声,缀着流苏的油壁香车碾过三月里胭脂色的桃花,停在树下。柳边深巷,花下重门。马蹄声远了又近,近了又远,终未停留。

也会想起沈园里黄色藤条、翠色垂柳,东风阵阵拂过满园春色,飘零翠叶、吹尽桃花。时过境迁,语笑嫣然的面孔不知何处,年年岁岁桃花又发,依旧笑对春风。

苏小小悟出了情,陆游写出了情。

而戴复古妻,实践了情。

红尘反复来去,美人孤寂依然。

李清照：此花不与群花比

> 雪里已知春信至。寒梅点缀琼枝腻。香脸半开娇旖旎。当庭际。玉人浴出新妆洗。
>
> 造化可能偏有意。故教明月玲珑地。共赏金尊沉绿蚁。莫辞醉。此花不与群花比。
>
> ——李清照《渔家傲》

我一直在想，究竟一个怎样的时代能够造就出一个这样的才女，她的出现，照亮了女性低矮的天空。她从众多男性文人中突出重围，开启了属于自己的文学时代。数百年后，当人们提起"千古才女"，总会第一时间想到她——李清照。或许，唯有宋的雅韵风骨，可以摇曳出这样一朵"不与群花比"的仙葩，也或许，是时代的波澜与命运的际遇，孕育出一位女性耀世的才情。

李清照生于北宋的一个书香世家，父亲李格非在朝为官，博通经史，是"苏门后四学士"之一。母亲王氏出身名门,知书善文。少女时代的她,像春天里青碧的小草,夏日里拔节的麦穗。她在晴朗的日子里,驾一叶木兰芳舟,采集春季里盎然的烂漫;在寂静的夜里,书一颗纯真少女心:

> 常记溪亭日暮,沉醉不知归路。兴尽晚回舟,误入藕花深处。争渡,争渡,惊起一滩鸥鹭。
>
> ——《如梦令》

她也会伤春悲秋,有着花季少女最纯真的快乐与忧愁。那天,天下着小雨。她看着帘外海棠——

> 昨夜雨疏风骤,浓睡不消残酒。试问卷帘人,却道"海棠依旧"。知否?知否?应是绿肥红瘦。
>
> ——《如梦令》

作为少女的她,像彼岸的一朵涉水芙蕖,淌过潺潺清溪,渡过淙淙响泉,姿态优雅而高昂,在灿烂的阳光下盛放。

汴京的晨雾如鲛绡遮掩住女子的秀面,她与他邂逅在这样的初晨里。"蹴罢秋千,起来慵整纤纤手",就在这低头复又抬头的一刻,她与他的眼神交会,星星爱意,从此燎原。"倚门回首,却把青梅嗅。"她娇羞低头,装作闻花香,可眼眸轻转,向他的方向觑去。这一年,正是花开的年纪。

北宋建中靖国元年(1101年),李清照嫁与太学生赵明诚。

她有着任何一个女人都会羡慕不已的爱情——志同道合，琴瑟相谐。她爱他的书生意气，他爱她的举世才华。轻易就能在她的文字里找到那种幸福的满足感——

> 晚来一阵风兼雨，洗尽炎光。理罢笙簧，却对菱花淡淡妆。
> 绛绡缕薄冰肌莹，雪腻酥香。笑语檀郎，今夜纱橱枕簟凉。
>
> ——《丑奴儿》

她真挚地记录下她的幸福，闺中亲昵语，枕畔私房话，她大胆地诉诸笔端，坦诚地抒发恩爱夫妻的无穷乐趣。只羡鸳鸯不羡仙，就是她此刻最真实的写照。

三年汴京妇，十载青州侣，她走过生命中最明亮璀璨的岁月，拾起满地落英缤纷。大雁南飞，她将对出游丈夫的思念化作诗篇：

> 红藕香残玉簟秋，轻解罗裳，独上兰舟。云中谁寄锦书来，雁字回时，月满西楼。
> 花自飘零水自流，一种相思，两处闲愁。此情无计可消除，才下眉头，却上心头。
>
> ——《一剪梅》

帘卷西风，雁字归来，她如一株盛世牡丹，绽放出生命最本色的精彩。

只可惜，天若有情天亦老。

是，上天舍不得给这个女子太多的幸福，她的幸福已经要溢出。

于是，风云变色，天下大乱。她的小确幸被金戈铁马碾碎，一点一滴远去，一丝一缕消逝，终不留痕迹。

宋高宗建炎三年（1129年）的那个焦灼夏日，她陪在丈夫的身边，亲眼看着他的生命如风中之烛，一点一点燃尽。二十八年的相知相爱，伉俪深情、鹣鲽之爱，全在那个溽暑焚烧成无数缕青烟，消逝在江南氤氲的浓雾中。孤飞北雁，在苍穹中留下落寞的背影，她痴痴地望着，呢喃着自己的心语——

> 藤床纸帐朝眠起，说不尽、无佳思。沉香断续玉炉寒，伴我情怀如水。笛声三弄，梅心惊破，多少春情意。
>
> 小风疏雨萧萧地，又催下、千行泪。吹箫人去玉楼空，肠断与谁同倚？一枝折得，人间天上，没个人堪寄。
>
> ——《孤雁儿》

再也没有人会满眼柔情地凝视着她，纵使春日里最娇嫩的芳华也不曾让他流连；再也没有人会牵起她的手，陪她走过田埂上坑坑洼洼的小径，看红霞将苍穹染得斑斓；再也没有人轻抚她秀丽的脸庞，和她在茶余饭后赌书泼茶，等月光将夜空融化成一抹清凉。当时只道是寻常,那些曾经毫不起眼的琐事,已成了彼岸的风景;那曾经以为天长地久的感情,已随了他生命的离去化作泡影。

未亡人的孤单,融成《漱玉词》最浓墨重彩的一笔,美得那样忧伤,美得那样心碎。一笔一画,映射出李清照内心深处的哀伤与寂寞。开到荼蘼花事了,她刹那失去了芳华,随暮夏的落叶萎顿。

赵明诚死后,她大病一场。

半年后,她终于清醒过来。但令人佩服的是,世人眼中是端庄闺秀的李清照,生活在积贫积弱的飘摇北宋,却怀着须眉也不及的气概,她坚强地面对生活的打击,顽强地接受了上天赐予的苦难。

四十九岁那年,李清照再嫁张汝舟。

世人惊异于她的选择,她勇敢地选择重新开始。与她同时代的才女朱淑真,因为骨子里太多的顾忌和禁锢,而松开双手放走幸福。

我们同样赞赏她的坚强,她对生活还满怀憧憬!她是那样乐观而昂然的女子,无论在怎样的风雨摧残下,都不会失去自己的光芒。

"以桑榆之晚节,配兹驵侩之下才。"可是这场婚姻,竟然只是一场骗局!夺取文物才是张汝舟的目的。"遂肆侵凌,日加殴击,可念刘伶之肋,难胜石勒之拳。"——这是她深切的控诉、惨烈的愤慨,又何尝不是那个时代身世飘零的女子的悲吟?

庭院深深深几许？云窗雾阁常扃。柳梢梅萼渐分明。春归秣陵树，人老建康城。

感吟风月多少事？如今老去无成。谁怜憔悴更凋零。试灯无意思，踏雪没心情。

——《临江仙》

她的心骤然老了很多。当初顶着巨大的压力、天下人的冷嘲热讽，只为对得起自己的心，对得起自己的人生。适得其反，有多少人在心里嘲笑吧？

"身既怀臭之可嫌，惟求脱去！"然而，她与那些锁在深闺之中只知黯然神伤的女子不同，毅然决然地斩断这桩错误的姻缘，将骗取她情感的男人逼到绝地，不惜以自己两年的囹圄之刑来交换。原来一个柔弱女子竟可以在绝境之中迸发出这样的决绝姿态，不拖搪，不优柔。

风霜刀剑严相逼也好，疏雨暴风的摧残也罢，她都不会失了自己的信念。她的气概何止是婉约词里婕妤之叹？《漱玉词》的风采又何止只是精巧玲珑的意境、婉约柔丽的词风？

天接云涛连晓雾，星河欲转千帆舞。仿佛梦魂归帝所，闻天语，殷勤问我归何处。

我报日长嗟日暮，学诗谩有惊人句。九万里风鹏正举，风休住，蓬舟吹取三山去。

——《渔家傲》

她有着不让须眉的傲岸品质,她的音调也可以这样豪迈而激昂。在无边无际的大海上,她看到了天地的宽广和开阔,而不再只是"小院闲窗""烟锁秦楼"之类的狭隘窄仄。《漱玉词》里最高昂的音符跳跃在这首《渔家傲》里,充满了浪漫,也让我看到她努力走出困境的决心和脚步。

她一生喜梅花,在她的长短句里有无数咏梅花的佳篇。而在夕阳岁月的她,才从真正意义上生长成一株蜡梅,在漫天的冰雪中粲然而放,傲雪凌霜,在风中摇曳成与日月争光的美丽。隔着千年的时光,依然能觑见她最后绽放的风姿,在《漱玉词》的末章里大放异彩,给她的生命一个完美的收梢。

那一年,李清照带着前半生的幸福与后半生的忧伤,带着对丈夫无尽的思念与深情,带着对这个世界的深深的失望,带着对国家的无限眷念,带着士大夫的冷嘲热讽,带着满腹的才情与绝代的才华,永远地离开了。她素笺上的墨迹还散发着清香,她烹煮的小龙团还腾着热气。她徐徐闭上双眼,宁静而安详。

她走了。然而她的才华没有被埋没。此花不与群花比,她具有"真性情",怀揣"丈夫气"。她抒发婕妤之叹,字字感人;她评析文学作品,眼光独到;她看待政治风云,明智冷静;她对国家的热爱,拳拳可感;她从未失去生活的信念,无论生活曾给她怎样的打击;她从不曾压抑自己的心灵,不论现实给她多少枷锁和禁锢……读她的词,已是叹为观止，看她的人，更是心悦诚服。无论身处怎样的位置，她都不会失去自己的光芒。

多少事，欲说还休，风会记得这朵花的香，在漫漫的时光里摇曳芬芳。

朱淑真：四海无人对夕阳

独行独坐，独唱独酬还独卧。伫立伤神，无奈轻寒著摸人。此情谁见，泪洗残妆无一半。愁病相仍，剔尽寒灯梦不成。

——朱淑真《减字木兰花·春怨》

读她的诗，你就知道，她是在孤独中活着，在寂寞中离去。因为处于相同的时代，人们喜欢拿她和李清照比较，可比起生平经历清晰可辨的李清照，朱淑真的一生，迷雾重叠，甚至连她生卒年都不详，她生于何地，嫁与何人，一生的断肠之恨究竟源于何事，竟也众说纷纭。

可就是这样一个神秘的女子，却留下了动人心弦的哀伤词句，"朱淑真词，风致之佳，情词之妙，真可亚于易安"。（陈廷焯《词坛丛话》）若非用血泪心事铸成，怎能令无数看客也为之动容？

独行独坐，独唱独酬还独卧。起笔一连用了五个"独"字，修饰"行""坐""唱""酬""卧"五个动作，这五个动作，已然概括了她日常的活动。日升月落的寻常起居，她独自度过，陪伴她的，只有镜中照影。炊烟袅袅的万家灯火里，她的那盏，是羸弱缥缈的风中之烛，仿佛随时会与时光俱灭。这份寂寞，是刻骨的，枯瘦的指尖，剔着点点灯花，无奈窗外漠漠轻寒，浸入肺腑——这只是悠悠岁月中无限平常的一天，而这样的一天一天，组成了她孤独的一生。

"钱塘朱淑真自以所适非偶，词多幽怨。"（《古今词话》）若这段记载属实，那么我们大抵也可以循着文字回到那段时光：

优雅的宋代，就像天青色烟雨里的汝瓷，清雅而精致。"崇文抑武"熏陶出的独特气质，厚重典雅，那段历史是被文人所怀念的黄金时代。

氤氲烟雨浸染出西湖垂柳的清丽，潋滟晴光催开苏堤桃花的艳影，江南的似水柔情，浇灌着如水般浪漫缱绻的灵魂。这样的时代与地域交融，成全了朱淑真的才情与气质。她逸散出淡淡清香，绽放如莲。

所适非偶，是朱淑真这一生最大的劫。

魏仲恭《断肠诗集序》记载："早岁不幸，父母失审，不能择伉俪，乃嫁市井民家妻。一生抑郁不得志，故诗中多有忧愁怨恨之语。"

想来少女时的朱淑真，也曾有过一段无瑕岁月：

恼烟撩露，留我须臾住。携手藕花湖上路，一霎黄梅细雨。

娇痴不怕人猜，和衣睡倒人怀。最是分携时候，归来懒傍妆台。

——《清平乐》

小女儿情态尽显纸间，她也曾天真烂漫，怀揣小心翼翼的喜欢，穿过藕花湖上路，听一霎黄梅雨。她毫不胆怯地表露着娇嗔爱怒，在心上人怀中缱绻睡去。分携时候，满溢着眷恋与不舍。

但是她没有和喜欢的人相守，她所嫁之人，也与她并不相爱。后人曾有许多附会，有说她的夫君是绍兴知府汪纲，在魏仲恭为朱淑真所写的序文中，朱淑真嫁给了"市井民家"为妻。但况周颐在《蕙风词话》中提出朱淑真"夫家姓氏失考。似初应礼部试，其后官江南者。淑真从宦常往来吴、越、荆楚间"。众说纷纭的揣测里，唯有一点是确信无疑的，就是婚后的她，过得并不幸福。

年少时的憧憬与向往，被残酷的现实生生撕裂成落寞与失望。愁肠百结，只能化作红笺小字，排遣讳莫如深的寂寞心事。她在诗中直抒对丈夫的鄙夷：

鸥鹭鸳鸯作一池，须知羽翼不相宜。
东君不与花为主，何似休生连理枝。

——《愁怀》

她想要的是比翼双飞的鸳鸯，可"东君"为她配的，却是凡俗的鸥鹭,既然如此,又何必生得"连理枝",让两个不相爱的人非绑在一起呢?

被困在不圆满的婚姻中不得解脱,而过去那段短暂未果而又刻骨铭心的爱情记忆,却挥之不去,徘徊心头——

> 纤纤新月挂黄昏,人在幽闺欲断魂。
> 笺素拆封还又改,酒杯慵举却重温。
> 灯花占断烧心事,罗袖长供挹泪痕。
> 益悔风流多不足,须知恩爱是愁根。
>
> ——《秋夜牵情三首》其一

尽管历史对朱淑真的爱情经历记载甚少,可循着她的诗句,我们似乎能勾勒出从少女到少妇,那此起彼伏的心路与命运。闺中遥想,是甜蜜与青涩交织的期待:"初合双鬟学画眉,未知心事属他谁。待将满抱中秋月,分付萧郎万首诗。"(《秋日偶成》)情窦初开,少女心事,流淌在红唇黛眉云鬓间,流转在春秋冬夏更迭中,流荡在元夜的朗月遐思里。闺中帘外,都已盛不下那一颗充满热望的心。这份鲜嫩而炽烈的情思日渐酝酿成熟,只需一个尽情释放的时机。而携手藕花湖上路的大胆示爱,与恋人执手相拥、和衣睡倒的不管不顾,是她打破禁忌后的热烈宣言,是少女时代如夏花般的绚烂时刻。

但,炽烈的燃烧之后,等来的,却是冷寂如冰的别离。

从《恨春五首》中"春光虽好多风雨,恩爱方深奈别离，到《暮春有感》"故人何处草空碧，撩乱寸心天一涯"，再到《秋夜牵情》（其三）中"闲闷闲愁百病生，有情终不似无情"，自春到秋，这些诗歌清晰地描摹出分离之痛、别后相思，再到绝望后的顿悟，爱情如风中之烛，最终破灭消逝，情到深处情转薄，"良辰美景俱成恨，莫问新年与旧年"（《诉愁》），在无限的无奈与伤感中，她不得不接受良辰美景俱成过往的事实，"待封一筢伤心泪，寄与南楼薄幸人"。（《初夏二首》其一）她的执着，换来"薄幸人"的离去与忘记，从此，带着累累的伤痛，她化身一朵寂寞的莲，却永远结不出并蒂。命运留给她的，是一个人的地老天荒。

  作为一个超越时代的才女，她有着和时代步调不一致的寂寞悲哀。独坐独行还独卧的命运，一半归因于命运，一半是时代使然。"女子弄文诚可罪，那堪咏月更吟风"，在她的《自责》诗中，她无奈地批评自己舞文弄墨的习气，这不是这个男权的世界所讨喜的。她确实也不是一个讨喜的女子，明明可以安于现状，像凡夫凡妇那样度过一生，持家度日，主持中馈，生儿育女，碌碌一生。在平淡中品尝忧喜，任岁月安然流淌，也许没有梦中的诗意，却有着朴素的真实。在那个礼教森严的时代，祈求一段自由的爱情是多么奢侈的愿望。还好，她还在吟哦着萧瑟的词句，念给懂的人听。

  人间的懂得，多么地难得。想起陈寅恪的一首诗，"一生负气成今日，四海无人对夕阳"，那是一种彻骨的孤独，没有人懂得自己，只剩一个人对着夕阳。孤独不是与生俱来的，而是由你失去一个人的那一刻开始的。

从此后，山长水远，渐渐淡忘，余生无梦，但求有诗。

珠帘秀：唱支清歌到天涯

轻裁虾万须，巧织珠千串，金钩光错落，绣带舞蹁跹。似雾非烟，妆点就深闺院，不许那等闲人取次展。摇四壁翡翠浓阴，射万瓦琉琉色浅。

[梁州]富贵似侯家紫帐，风流如谢府红莲，锁春愁不放双飞燕。绮窗相近，翠户相连，雕楹相映，绣幕相牵。拂苔痕满砌榆钱，惹扬花飞点如绵。愁的是抹回廊暮雨萧萧，恨的是筛曲槛西风剪剪，爱的是透长门夜月娟娟。凌波殿前，碧玲珑掩映湘妃面，没福怎能够见？十里扬州风物妍，出落着神仙。

[尾]恰便似一池秋水通宵展，一片朝云尽日悬。尔个守户的先生肯相恋，煞是可怜，则要你手掌儿里奇擎着耐心儿卷。

——关汉卿《南吕·一枝花·赠珠帘秀》

翻遍史卷，有关她的叙述也才那么一点点。当时红极一时、名冠天下，在史册上也不过是浅浅的一笔。如果不是很多年以后有人编了一出《关汉卿》的剧目，大概还鲜有人知道珠帘秀这个名字。

珠帘秀，这个名字注定要和关汉卿连在一起。

那是一个兵荒马乱、暗无天日的时代，是"伤心秦汉经行处，宫阙万间都做了土"，是"战西风几点宾鸿至……展花笺欲写几句知心事"。风沙漫卷，岁月无情，知识分子被踩在最底层，才学被视作尘土，铮铮傲骨早就化作了泥巴。大元帝国，是一个踏着金戈站在铁蹄与马背上的时代，这个时代注定要产生一些不寻常的人，比如关汉卿。

在蒙古贵族和女真贵族间的战乱中不容喘息地摸爬滚打，关汉卿写下了震撼人心的杂剧《窦娥冤》。他说自己是"蒸不烂、煮不熟、捶不匾、炒不爆、响珰珰一粒铜豌豆"，那份傲然和不羁立时凸显。在血与火交织、动荡不宁的年代里，在一派歌台暖响、春光融融的戏台之上，洒脱狂傲的剧本创作家和演员珠帘秀相识了。

有关于珠帘秀的记载见于《青楼集》："珠帘秀，姓朱氏，行第四。杂剧为当今独步；驾头、花旦、软末泥等，悉造其妙。"彼时关汉卿是玉京书会的才人，书会原为一种读书场所，至南宋则演变为三教之外色伎艺人编写话本、戏曲、曲艺之所。那时写作剧本的多是些下层文人和民间艺人，因为在勾栏瓦舍编写话本和戏曲谋生，被称为"书会才人"。玉京书会是元大都里享誉一时的书会，关汉卿操笔的剧作更是声名在外。同样有着对艺术的执着与热爱，同样有着对生之动荡和时代的离乱最深切的体验，同样深深扎根在泥土深处却又向往着一段光明的剧作家和名伶，在风波迭起的时空里相遇了。

才子关汉卿在《录鬼簿》中居帅首，名伶珠帘秀在《青楼集》里占鳌头。若他是那响当当一粒铜豌豆，那她便似硬铮铮一枝寒梅秀。大概有过一段珠圆玉润相契相合的岁月，那时候正是关汉卿的创造力最为强盛的时期，几本花旦杂剧落笔不俗。珠帘秀姿容姝丽，《救风尘》里有勇有谋的赵盼儿、《望江亭》里聪明机警的谭记儿，以及那含冤负屈的窦娥，都被她活灵活现地扮演出来。场下，他写戏，挑一灯如豆；场上，她演戏，叫好声震天。关汉卿不是躲进小楼、脱离人间烟火的写作者，他会踏进梨园，甚至躬身俳场，亲自操刀，自导自演。而技艺卓绝的珠帘秀，正是舞台上最懂他的那一个。

关于他们的逸事不见史料，没有人知道在元大德年间名冠天下的剧作家和红极一时的名伶之间，到底有过怎样心动神驰的切磋交流。但是关汉卿留下的一首《南吕·一枝花·赠珠帘秀》似乎在湮没的尘烟里泄露着历史的秘密。

轻裁虾万须，巧织珠千串，金钩光错落，绣带舞蹁跹。似雾非烟，妆点就深闺院，不许那等闲人取次展。摇四壁翡翠浓阴，射万瓦琉璃色浅。

［梁州］富贵似侯家紫帐，风流如谢府红莲，

锁春愁不放双飞燕。绮窗相近，翠户相连，雕栊相映，绣幕相牵。拂苔痕满砌榆钱，惹扬花飞点如绵。愁的是抹回廊暮雨萧萧，恨的是筛曲槛西风剪剪，爱的是透长门夜月娟娟。凌波殿前，碧玲珑掩映湘妃面，没福怎能够见？十里扬州风物妍，出落着神仙。

[尾]恰便似一池秋水通宵展，一片朝云尽日悬。尔个守户的先生肯相恋，煞是可怜，则要你手掌儿里奇擎着耐心儿卷。

——关汉卿《南吕·一枝花·赠珠帘秀》

起笔吟咏"珠帘"的艳光错落，翡翠珠摇，着笔于"珠帘"，却寓意于珠帘秀，一语双关，以"金钩""绣带"赞美其舞姿翩跹，又用"摇四壁""射万瓦"影射她出场时候那艳光四射、风姿绰约的翩翩姿态。中间一句"愁的是抹回廊暮雨萧萧，恨的是筛曲槛西风剪剪，爱的是透长门夜月娟娟"不期然透露出款款的情丝来，暮雨潇潇，西风沥沥，他含着清愁品着长恨究竟是为何？他说，"爱的是透长门夜月娟娟"，终将心事流露出来。"没福怎能够见"，可惜总是相见不能见，福分太薄，缘分太短，还来不及将万千心事付诸纸间。

佚名的《绿窗纪事》里载此时的珠帘秀已经被钱塘道士洪丹谷所占，并娶为妾室。曲中"守户的先生肯相恋"，说的就是这道士。大概是真的要分别了，台上顾盼流转的相视一笑,台下红袖添香的清夜晓光,都只能停驻在偶然的梦里了。他无权无势,纵然是一粒响当当的铜豌豆,也只能在泥巴地里爬,有太多的事情,他空有心,却无力。

伶人的生命里,总是有太多的身不由己。譬如民国时期那个同样如梅映雪傲骨铮然的"冬皇"——孟小冬。那年二十岁的她在戏台上与大师梅兰芳初识,一场《游龙戏凤》的对戏让相遇如梦似幻:他讶异于她那浑然如天赐的无双技艺,她对他充满小女生似的崇拜和敬仰。在冯耿光、齐如山等梅党成员的撮合下,一段戏剧史上珠联璧合的联姻诞生了,孟小冬是京剧史上当之无愧的首席老生,梅兰芳是天下闻名的旦角大师,这是场浑然天成的交集,错过该多可惜?那时候他们谁也不肯错过,尽管她知道他已经有了两房太太,他也知道他没办法给她真正的名分。一次真爱就是一场赌博,输了就输了,愿赌服输。心高气傲的孟小冬终归是无法忍受自己暧昧不明的身份,她不愿做妾,却又无法取得合理的地位,而翩翩君子梅兰芳不置可否、息事宁人的态度,让她更加委屈失望。一场真爱更像是一场生死,孟小冬几乎要以整个生命来为绝望的爱情殉葬——分手之后,她曾试图自杀,后来被家人救回,却终于是泪枯人烬了。再后来的故事寡淡无味,没有久别重逢,也没有破镜重圆。即使是几十年后梅孟在香港分手后唯一一次见面,也不过是梅兰芳服从上级的安排前来游说孟小冬回归,而孟小冬说:"我不会再回去。"

一个灵魂就这样和另一个灵魂擦肩而过。她没有再给他机会，他也没有再纠缠。爱情也不过就是两种形态，一种是相遇了，相爱了，习惯了。而另一种是，相遇了，离开了，枯萎了。孟小冬后来又嫁给了大亨杜月笙，但那份感情，早已不是年轻时候的样子了。她赌输了，可还是好好地活了下来，其实没什么，只是枯萎了。

这又是另一个故事了。而有关珠帘秀的故事，却是还没开始，就已结束。她连一首回赠的词曲都没有流传下来。舞台上妙丽无双的她，在感情上却苍白无力。后来，她也写过几支曲子：

[赛观音] 花含笑，柳带羞。舞场何处系离愁？欲传尺素仗谁修？把相思一笔都勾，见凄凉芳草增上万千愁。休、休，肠断湘江欲尽头。

[玉芙蓉] 寂寞几时休，盼音书天际头。加人病黄鸟枝头，助人愁渭城衰柳。满眼春江都是泪，也流不尽许多愁。若得归来后，同行共止，便是牡丹花下死，做鬼也风流。

离开戏台的珠帘秀，是天边流离失所的云朵。相思与别恨，缠缠绵绵，像雨打湿的裙裳，绵绵密密地贴着身子，穿着难受，要脱下来却又不得。她一定怀念过风华岁月里来过她生命里的那些人，过客也好，旅人也罢，至少那嗒嗒的马蹄惊起了她转身回眸，她遇到了该遇见的人，然后唱了一支最动听的歌。

陶宗仪的《南村辍耕录》还记录了珠帘秀临终时候的一段逸闻。病重的珠帘秀让丈夫洪丹谷作一曲给自己，轻佻滑稽的道士道："二十年前我共伊，只因彼此太痴迷。忽然四大相离后，你是何人我是谁。"好一个"忽然四大相离后，你是何人我是谁"，生离与死别，他倒是洒脱豁达看得开，明明是她要离开他了，他反倒劝起她别伤心。最终珠帘秀"听毕，一笑而卒"。

这一笑里，是辛酸无限，泪水涔涔。这一笑后，是山重水远，梦魂无牵。

有一首诗说："戏子，总是在别人的故事里，流着自己的眼泪。"可是入戏深了，谁都会着迷。我们总是迷恋故事里桃花纷纷的灼灼其华，却不知道这背后其实是雨雪霏霏的劳燕分飞。或许珠帘秀也好，孟小冬也罢，她们的生命就应该停留在舞台上，那时候她们春衫粉墨，声遏流云，那一刻她们万众瞩目，所有荣宠都归于一身。离开了戏台，卸下了脂粉，也就卸下了她们最引以为傲的资本和最真实可感的喜悦，她们像无家可归的孩子，再也触不到梦的衣角，彷徨于路的方向。其实爱情于她们，也不过是生命的某个驿站，卸下戏装，换上素衣，默默地唱一支清歌，送到天涯，来安慰终将孤独的浮生。

第五卷

花漾・明

孟蕴：若似月轮终皎洁

生前曾许结成双，回首那堪两地茫。
自信此心坚似石，肯将魂梦绕他乡。

——孟蕴《题石二首·其二》

明代洪武二十九年（1396年），一个叫孟蕴的女子如花朵般绽放。幸运的是，她有一个极优秀的未婚夫婿蒋文旭。他年轻才俊，不到二十岁即当上监察御史，加之方孝孺的奖掖，可谓声名甚卓。彼时的她，该是怀着无限憧憬和期冀的。

可惜命运忽转，陡然的一纸诏令画出了人世间最遥远的距离——"适朱元璋有'易储意'，蒋文旭上疏谏止，忤旨赐死。"他们缘悭一面，便已是参商永隔。

那年，孟蕴才刚刚十九岁。

当蒋文旭的灵柩经过家门时，她"里服粗衰，髽髻以候，见旐哭踊，俯途袒祭"，并仰天发誓"夫君蒙谴，薄命所致，北堂衰老，其谁奉之，冠山可移，此心难改"。这个少女在那个瞬间所坚守的执念宛如一句盟誓，在日后的千千万万个孤独的昼夜里竟得以一一践行。

此后，孟蕴主动挑起了照顾公婆的重担。孟蕴在公婆家时，"谨守妇道，严肃内外，里外无闲言"。公婆亡故后，孟蕴回父母家，仅以一名年长女仆相随，筑"柏楼"以居，暗示如松柏般坚贞。

明成化六年（1470年），孟蕴死去，卒年九十二岁。

从十九岁到九十二岁，七十多年来多少个鸳鸯瓦冷霜华重的日夜，这个曾怀揣过无限繁华希望的女子，日复一日地走向生命最终千山折叠的重重暮色里。他们其实从未相见过，她坚守的，其实是一份毫无颜色的希望。这不是静默地等待，因为死亡已经扼断了任何重逢的可能，这也难以说是偏执的爱情，她真的爱过他吗？她所坚守的，与其说是爱情，不如说是自我的信念罢了。

她写诗，诗里全是坚贞的字眼，一句句，宛如誓言般坚韧郁拔。"自信此心坚似石，肯将魂梦绕他乡"，她拿磐石来自比，以一种坚忍的力量，来支撑他们其实没有过一天的爱情。

宣德六年（1431年），直隶监察御史蒋玉华、翰林侍读黄文莹将孟蕴的事迹及所作诗文上奏朝廷，皇帝诏敕旌表为"贞女"。万历二十六年（1598年），县令下令在孟子庙侧立贞女祠，绘上孟蕴肖像，供后人供奉。

几百年后，当明初的繁盛跌宕沉退为最末梢的衰落，戏曲家孟称舜把她留下来的诗歌编纂成册,名为《柏楼吟》。同时,他写就了《贞文记》,再度将这个寂寥的故事润色为宣颂贞节的铭章。

以七十余载灼灼青春为未婚夫婿守节,这不是什么封建礼教的过错。是她自己,早已画地为牢,把自己困到了里面,并且,安然且自足。

其实,她还有另一首诗歌《灯下偶成》:"床畔孤灯一盏,照来孤影成双。只信此心无二,清夜月照寒窗。"尽管她在费力地表明自己守节的决心,可是谁都能看出那几句淡淡言语里深蕴的孤寂。她不过是个芳华正茂的女子,他只是一抹化成枯骨的尘埃,岁月深重,从朝霞初起到暮霭沉沉,也都不过是湖山寂寥。

只是她的寂寥,仍终归于清夜月照下的一颗坚定不移的守节之心。各人有各人选择的道路,这一条道上,她孤寂无言,却完成了自我圆满。她闭上眼睛的那一刻,也是安然且满足的。她骄傲地活着,自豪地死去,因为她漫长生命里那宛如誓言的坚守。

俞二娘：人间自是有情痴

> 画烛摇金阁，真珠泣绣窗。
> 如何伤此曲，偏只在娄江。
>
> 何自为情死，悲伤必有神。
> 一时文字业，天下有心人。
>
> ——汤显祖《哭娄江女子二首》

一本书，怎叫那韶华女子生生殉了青春、殉了才情、殉了这一场只有十七载的人生？

娄江，临川，她的爱穿越空间的阻隔，蔓延在临川山水之间，点缀在《牡丹亭》的字里行间。十年，五十年，一百五十年，她与她的偶像终于在书中相逢相知，越过时间的风雨迢递，我们终于可以看到最完美的结局。

娄江女子俞二娘，秀慧能文词，未有所适。酷

> 嗜《牡丹亭》传奇，蝇头细字批注其侧。幽思苦韵，有痛于本词者，十七惋愤而终。

汤显祖《玉茗堂全集》里，她的身影幽幽出现，尽管只有这几十个字的描写，依然可以觑见她昔日的一往情深。与《牡丹亭》相遇是偶然，与汤显祖相知是偶然，但最终因了一本书而死，却是二娘的必然。

十七岁的年纪，正是春风骀荡、情窦初开的年岁。当十七岁的二娘那一瞬间读到《惊梦》一折时，心中只有被一击即中的惊喜——曾几何时，这样的梦她也做过，这样的念头她也曾有过。那个叫杜丽娘的女子，多么像在这场寂寞年生里挣扎的她！当她的心追随着丽娘的生生死死而缠缠绵绵，追随着丽娘与柳生的分分合合而起起落落时，她愈发深陷于汤显祖编织的锦缎一般的美妙故事里，不由得，殉了青春，殉了才情，殉了这不要也罢的年生。

这样一种无从说起却由衷喜悦地心有灵犀，叫她不由自主将这书的作者引为知己。她对他推崇备至——"书以达意，古来作者，多不尽意而止。如生不可死，死不可生，皆非情之至。斯真达意之作矣。"于是，她日夜手握灵珠，披星戴月为一部《牡丹亭》批注，白纸黑字的罅隙里，是蝇头小楷的字字珠玑。"饱研丹砂，密圈旁注，往往自写所见，出人意表。"她的蕙质兰心，她的纵横才情，悉数赋予了这一部惊世骇俗的《牡丹亭》，也成就了她自己的惊世骇俗。

然而，这一切，远在临川清幽山水间的汤显祖却并不知晓。书一页页翻卷，俞二娘一点点爱上那个远隔重山的才子，流陷于伤感和悲愤的情怀中，也在一丝丝耗失着自己的生命，一步步走向疲倦和沉寂。

不知那是多少个昼夜的堆砌，当她终于将自己呕心沥血的"读书笔记"完成之时，她已感到了自身能量的耗尽。倦怠感无尽袭来，孱弱的躯体已如风中之烛。于是，她将书稿尽数寄予千里之外的他，结束了这些岁月以来，一个人的舞蹈。

终是想让你知道，有这样一个我，与你惺惺惜惺惺。

然而书稿未至，她短暂的生命却已至尽头。于她而言，这一场短暂的生本是毫无意义，只因了那样一本书，而有了绚烂的瞬间和不灭的期冀。只是，最终归于沉寂的收梢，却留下了不能与他相遇、相见、相知的遗憾。

她抱着遗憾死去。意识消亡的瞬间，一本书从她的纤手里滑落，正是《牡丹亭》。

穿越江南的山山水水，书稿终于抵达了层峦叠嶂的江西。不惑之年的汤显祖得知了在天之彼方那个韶华女子的种种，终于无声叹息。君生我不知，我知君已死，他忍着悲痛写下这首《哭娄江女子二首》，诉说着错失知音的伤与痛，也饱含着些微得遇知己的欣慰。俞二娘，仿如他笔下的杜丽娘，情不知所起一往而深，而终至于为情死。他赞她为"有心人"，正因他们皆是"有心人"，才能心心相印至此，互相产生强烈的共鸣，结下不解的宿缘。

是的，有这样一个你，懂我，懂《牡丹亭》，足矣。

在那个"知音少,弦断无人听"的时代里,他们却最终生生错过,空间与时间,命运和缘分,如同一道道无形的墙,隔断了相交的可能性。只能一个空自嗟呀,一个暗自伤神,终不能相逢在同一方山水间。

故事似乎结束了。诗,也随着汤显祖的离世收了尾音。

然而,并非如此。

十年,百年,一百五十年。时间如沙漏缓缓流逝,同为江西人的蒋士铨得知这件事,将俞二娘写入了他的剧作《临川梦》。在这个亦幻亦真的"临川之梦"中,这部以剧作家汤显祖为主角的传奇中多次出现一个特殊人物——俞二娘。在剧本的下卷,作者以其天马行空的想象力把曾经戛然而止的缘分延展在人间天上。在二娘死后的二十年,她的乳母将书稿送到汤显祖手里,二娘的亡魂飘摇辗转,最终得睡神相助,得以在梦中与汤显祖相遇。两人相见恍然,互感恨晚,殷殷倾诉知音之情。这一切,和《牡丹亭》的艺术手法一脉相承。诚如汤显祖在《牡丹亭题词》中所说:"情不知所起,一往而深。生者可以死,死者可以生。生而不可与死,死而不可复生者,皆非情之至也。梦中之情,何必非真,天下岂少梦中之人耶!"

百年恍惚,时光迢递,穿越生与死的界限,他们终于得以在戏台上相逢,有了故事,有了开始与结束,有了交集之后无数延展的可能。

尽管他们的躯体,散落在江南江西,已然作古百年。

这样的相逢,充满着戏剧性,他们因戏相知,又最终因后人的戏，在舞台上得以传承昔日那些被时空切断的情愫，生生不息，蜿蜒延续。

黄泉碧落，天上人间，相逢在百年侄偬之后，或许也是一种充满喜剧色彩的圆满。

叶小鸾：一缕茶烟和梦煮

> 薄暮峭寒分，罗篝香焚。粉墙留影弄微醺。一缕茶烟和梦煮，却又黄昏。
>
> 曲曲画湘文，静掩巫云。花开花落负东君。赚取花开花又落，都是东君。
>
> ——叶小鸾《浪淘沙·春闺》

南朝的苏小小和明代的叶小鸾，是中华历史上早逝的名媛才女。苏小小一生，令人惋惜而敬佩，她的生命绚烂如同昙花。而小鸾给予人的，却是一种哀叹和怅惘。

生于书香名门，长于才女之手，叶小鸾的父亲叶绍袁、母亲沈宜修都是出自吴江的书香世家。母族吴江沈氏，中进士者有九人，仅万历年间同辈人中便有五人先后中进士。父族吴江叶氏，以诗书传家，时人誉之："家事清华，一门鼎盛，父子兄弟，皆善词藻。所著诗余，如百草流书，光采焕发。"（周铭《松陵绝妙词选》）叶、沈两家，齐名江南：

"沈氏一门,人人有集;汾湖诸叶,叶叶交光。"(陈去病《笠泽词征序》)

万历四十四年(1616年)三月,江南草长莺飞,春风初度,苏州吴江汾湖的叶家午梦堂,迎来了叶绍袁和沈宜修的第三个女儿——叶小鸾,取字琼章,寓意华彩文章,又字瑶期,寓意美玉相期,而"鸾",正是传说中的凤凰。父亲对女儿的期望,寄寓在这满口生香的名字里。长大后的她,"倾国殊姿,仙乎独立,韶年灵慧,语亦生香"。

幼年的叶小鸾和舅母张倩倩生活在一起,舅母教书识字,对她百般宠爱。温雅美丽而才华横溢的舅母,是她少年时最温柔的记忆。但这样宁静的岁月并未持续太久,十二岁那年,张倩倩病逝,小鸾过早地结束了快乐无忧的童年生活。"十载恩难报,重泉哭不闻。年年春草色,肠断一孤坟",她悲痛写下怀念舅母的《己巳春哭沈六舅母墓所》,可是年年春草仍会再生,舅母却永远不会再回来了。

小鸾生性早慧,少年时又经此重创,令她原本淡雅幽娴的性子里,更添了一缕挥之不去的风露清愁。过早地接触人世的死别与无常,她开始向往天上那永恒的瑶台仙境,在那个仙境之中,无忧无愁,岁月静好,美好得以永恒。

小鸾回到了叶家,已是豆蔻年华的她,却不着华服罗裳,不喜簪花戴玉,清幽雅淡,如一株落落白梅。母亲赞她"性高旷,厌繁华,爱烟霞,通禅理"。素衣淡服,自有一派洗尽铅华的高贵;天资洁修,却特有一种殊异常人的美丽。

回到父母兄弟姊妹的大家庭里,在书香叶家的翰墨熏陶下，性喜诗书的叶小鸾更加如鱼得水。她仿佛是《红楼梦》中林黛玉的前身，气质如兰，才华比仙，如长在松间林下的世外仙姝。在一个春夜，她做了一场关于仙境的美梦，仿佛回到了自己的前世居所。梦醒之后，梦中之情景，挥之不去，她写下一组《鹧鸪天》，"一卷《楞严》一炷香，蒲团为伴世相忘""西去曾游王母池，琼苏酒泛九霞卮""骑白鹿、驾青螭，群仙齐和步虚词"，佛禅义理，神仙天境，在她的笔下如梦似幻，栩栩如生，仿佛她真的就是那天界中的一员。

这一星半点儿的出尘思想，不是没有来由的。"四岁能诵《离骚》"的小鸾，与生俱来的蕙质兰心似乎和她的出尘脱俗是一体的，叶小鸾的诗词中含有佛道思想的诗词有三十多首，游仙诗有二十九首，其中扑朔迷离的仙隐气息，与前代人所写的游仙诗相比，她更像一个远道而来的归人，熟悉天上的一切事物，与多年未晤面的仙友相谈甚欢。面对繁华的滚滚红尘，她总有讳莫如深的隔阂感——

几欲呼天天更赊，自知山水此生迂，谁教生性是烟霞。

屈指数来惊岁月，流光闲去厌繁华，何时骖鹤到仙家。

——《浣溪沙·书怀》

她早已为自己的人生下好了定义——"谁教生性是烟

霞",而她也早已为自己选定了归宿——"何时骖鹤到仙家"。连她的父亲,都对她有种难以把握的担忧——"嗟乎,其仙风道骨,岂尘凡可以久留得耶?空自悲酸。"此时的小鸾,不过是一个十五六的少女,却仿佛已然活过半世,充满对此岸的厌弃和对彼岸的憧憬。

无论我们多么流连少年时的岁月,它总会如约远去。人的一生,总是最先邂逅最美好无忧的时光——年少的你,被父母宠爱,被亲人照拂,因为有"家"这个遮天大树,为你换来最轻松悠游的岁月——然而此时的你,却处在最不知道珍惜的年纪,总以为眼前的一切都是唾手可得,自当长长久久,殊不知,当日后生活也逼迫你成长为一棵为他人遮风挡雨的大树时,才知道哪有什么岁月静好,不过是有人替你负重前行。

逐渐长大的叶小鸾,也面临着新的身份——嫁为人妇。

叶小鸾的长姐叶纨纨,十六岁时嫁给袁崧为妻,但婚后的生活并不幸福。袁家和叶家是世交,但袁崧却是一个不擅诗文、不懂情趣的俗人。他们结缡七载,却无夫妻之实,一直没有孩子,婚后感情也非常冷淡:"至于琴瑟七年,实未尝伉俪也。"七年之后,叶纨纨抑郁而终,生前诗歌"一字一泪,大概可见。无限愁思。不必更说矣"。

小鸾自幼目睹舅母张倩倩和舅父聚少离多的夫妻生活,又体会母亲生儿育女、操持家业的辛劳,尤其是自叶小鸾归家之后,父亲在家的时光只有两年,而姐姐叶纨纨的经历,更是令人悲痛。女子一旦嫁人,便如落叶飘蓬,身不由己,从琴棋书画诗酒花的浪漫走向柴米油盐酱醋茶的琐碎,这一刻,她是畏惧的,心中充满对未来不可预知的忧心。

在小鸾即将出嫁之际,姐姐叶纨纨写下《送琼章妹于归》,其中有句:

> 别后离多相见稀,人生不及雁行飞。杳杳离情随去棹,绵绵别恨欲牵衣。
> 恋别牵衣不可留,扬帆鼓吹溯中流。可怜此去应欢笑,莫为思家空自愁。

隐约的悲凉透入纸背,那丝丝百折千回的无奈潜隐在姐姐祝福的微笑里,姐姐的诗,原本是劝慰小妹不要过于思家,却更触动了小鸾婉转的愁思。就在未婚夫上门送催妆礼的那天,叶小鸾病倒了。病情突如其来,却又发展得极为迅速,婚事在即,新娘子却一天天消瘦憔悴,那原本旺盛的生命力一点点消弭。

随着时间一分一刻迫近婚期,小鸾的生命也如风中之烛般,一点一滴消沉枯萎。终于,在婚期前五日,一代才女叶小鸾撒手人寰,年仅十七岁。

> 《十洲记》曰:西海中洲上有大树,芳华香数百里,名为返魂,亦名返生香。笔墨精灵,庶几不朽,亦死后之生也,故取以名集。

叶小鸾死后，父亲叶绍袁整理女儿遗作，收录亲朋好友的悼亡诗文，合成一集，名为《返生香集》。"返生香"，寄寓着父母美好的祈愿，那出尘脱俗、一心向往远方的女儿，大抵是回到她真正的故乡了，此时此刻，或许正和哪位仙友煮雪烹茶呢。

浮生短暂，叶小鸾如一瓣樱花，"异色与春同到，却匆匆，撇春先去"。因此，她和苏小小共享着同样的一种命运——人们记住她，记住的是她永如少女的清澈面庞，没有结婚生子，没有历经磨难，更不必忍受从一缕白月光变成袖子上的饭粒。堕去无香，飘来似雪，在最灿烂的时候戛然而止，斩钉截铁地离开，一如当初，不染尘埃地到来。

这两个奇女子，都在生命最美好的年华走向了死亡，以此作为自我命运的终结。

不同的是，苏小小更像是文人心中一朵红玫瑰，风流袅娜，云雨清欢，当得起一个"艳"字。而叶小鸾是林间月下出尘脱俗的世外仙姝，衬得起一个"仙"字。

有人说，《红楼梦》中的林黛玉，与叶小鸾有某种割舍不断的联系——叶小鸾的气质丰神与林黛玉一般，多愁善感、灵慧秀丽，才华出众、孤高自许，未婚病逝的凄楚，如仙如梦的生与死，都是并非巧合的不约而同。而黛玉的笔下《葬花吟》与叶小鸾的《莲花瓣》亦有着似曾相识的情绪与意境。在那个大观园中，"千红一哭，万艳同悲"的悲凉结局，和叶氏一门才女凋零、英年夭逝的命运，又是何其类似！

若回望叶小鸾的一生,她那超乎寻常的清逸气质、婚前突然的夭亡,笔下清空灵逸的仙隐世界、文学世家的出身,还有其背后满门才媛的生活境遇,都引起后人无限的好奇与遐思。《返生香集》中流动的灵气与哀伤,对生命无常的失落与逃逸,总能带给世人"无可奈何花落去"的无尽伤感,而她人生境遇里最浓墨重彩的骤亡,更是与其名媛身份、清空诗笔相互映照,散发出空灵别致的"哀感顽艳",隐含的是仙凡的神秘与生死的无常,唤起世人关于自我命运的深长忧思。

小鸾生前,以"煮梦子"为号,庄子有云:"浮生若梦,若梦非梦。浮生何如?如梦之梦。"茶烟煮梦,是叶小鸾轻盈婉约的一生写照,从梦中来,回到梦中去,短短浮生,到底是她的自开自落辜负了东风,还是滚滚红尘消磨了她独自绽放的自由?"海棠睡去梨花褪,欲语浑难问",无人可答。只是,在最终的束缚来临之前,她化作孤独的鸾,朝着自由,向死而生。

柳如是：此生予君一红豆

裁红晕碧泪漫漫，南国春来正薄寒。
此去柳花如梦里，向来烟月是愁端。
画堂消息何人晓，翠帐容颜独自看。
珍重君家兰桂室，东风取次一凭栏。

——柳如是《春日我闻室作呈牧翁》

　　此生予君一红豆，苍颜白发亦相守。1645年的芒种节，柳如是披着绯红绸子月下泛舟，告诉钱谦益，"我就是爱你的白头发"。酒过三巡，他为她画过一朵九里香，她纵身一跃，跳入湖中，以身殉国。

　　这是电影《柳如是》里的一幕。淡墨色的画卷徐徐展开，又瞬间收拢，她从船头跳下，甚至没有迟疑。当然她没有死去，故事仍要继续，伴着灰暗的底色，点缀着偶尔桃色的迷离，电影用一帧帧浮世绘，描下这个乱世女子的绯红色人生。

柳如是所生活的明末清初，是一个摇曳沉香的时代，秦淮水畔的玉楼琼阁与灯明烛耀，仿如大明王朝最后的狂欢。在这场狂欢中，许多人粉墨登场，又落寞离去，有的红颜祸水，有的青史留名，稍有不慎，便有身败名裂者，大节难全。而南明王朝徐徐落幕的背影，和柳如是的爱与恨互相映照。

柳如是的人生，从一开始就带着灰白的底色。明万历四十六年（1618年），她生于苏州。早遇不幸，她入"吴江故相"周道登家习歌舞，美姿容、性聪慧、善歌舞的她很快得到主家的喜爱，也因此为人所妒，几致惹来杀身之祸，旋被转卖入倡家。父母的容貌，早已氤氲在岁月的尘埃里。关于"家"的记忆，只有离家时那开满山野的九里香。似乎，是那一丛丛开不尽落不完的九里香，把她送进了风雨飘摇的离乱里，从此，寻常人家的生活，便与她山长水远，两两相忘。

她在最好的年华里邂逅了爱情。庭院深深，小园香径，她幽幽唱起一曲《懒画眉》——"最撩人春色是今年"呀，只因院落里那一位长身玉立的公子。柳如是和陈子龙的爱情，是江南杏花烟雨的时节里，最美好的才子佳人之恋，有亭台楼阁，有诗情画意，有天真热情，还有最好的——都在正当好的年纪。

陈子龙是少年名士，崇祯初年参加张溥之复社，又与夏允彝、徐孚远等人结几社，为一时俊彦。有关柳如是和陈子龙的那一段情，宛如江南迷蒙的烟雨，缠绵缱绻，却若烟似雾,与尘世相区隔。他们的确是相爱过,可惜世间本来情难解,更何况于莽莽时代裹挟中地位悬殊的才子与佳人呢?

陈子龙为她的《戊寅草》作序,她写下《梦江南》二十首,每首以"人去也"开头,绸缪凄恻的情肠,揉进百转千回的小令里:"人去也,人去梦偏多。忆昔见时多不语,而今偷悔更生疏。梦里自欢娱。"柔肠百结的二十首词,是喷薄而出的倾怀与怨诉,坦诚而郑重地彰示她的情意。这段不容于世人的恋情,让她尝透了爱情的甘醇,也认清了世情的凉薄。

后来很久我都不能释怀他们的分开,更不能接受她与钱谦益那段红颜白发的爱情。年少的我们,对爱情有一种言过其实的想象,良辰美景,赏心乐事,电光石火,怦然心动,还要正是绮年玉貌,公子红妆——好像这样才衬得起"爱情"的分量。但这其实远不是爱情的全部。柳如是当然爱过陈子龙,陈子龙也未曾真的放下柳如是,但毕竟,在家国天下与红颜知己里,他选择了前者。与其说,他们的分手是因为时代,我更愿意归咎于他不够爱。爱情只是许多情义中的一种,分量有轻重缓急。不得不承认,年少气盛的我们,真的在那时,做不到那么爱。

崇祯十三年(1640年),钱谦益作《绝句十六首》,评定柳如是、王微、杨宛为当时诗坛三才女。时年王微与杨宛已年四十三,而柳如是,年仅二十三岁。

这一年的仲冬时节,柳如是在蓝颜知己汪汝谦的鼓励与策划下,主动造访钱谦益,她身着男装,乘一叶扁舟而来,令他又惊又喜。他称她为"如是君",与她诗酒唱和,像兄弟朋友一样平等地待她。他为她建造"我闻室",像父亲一样地宠溺她。次年春夏,柳如是嫁东林领袖、诗坛盟主钱谦益,这是轰动文坛的大事,一时间褒贬之音纷至沓来。他以匹嫡之礼光明正大地迎娶她,丝毫不顾忌世俗的眼光。而她的朋友董小宛,只能在漆黑的月色里偷偷摸摸地嫁人,那支为婚礼燃起的烟花,比夜色还要寂寞。

初婚的她写下《春日我闻室作呈牧翁》给钱谦益,数度人生、几经飘零,如今虽逢燕尔之好,但已无法似豆蔻少女般天真憧憬。"裁红晕碧泪漫漫,南国春来正薄寒",所写的自是料峭轻寒的江南春景,暗喻的又何尝不是过往的坎坷离分。"裁红晕碧"的,是早春凛冽的寒风,又未必不是身世浮沉、雨打飘萍的命运。"此去柳花如梦里,向来烟月最愁端",这是一气呵成、势如流水的一联,柳花如梦,梦如浮生,此去明明是良禽择木,凤凰栖梧,得以托付良人,为何还在那"烟月最愁端"呢?

前路茫茫,二十四岁的柳如是早已在沉浮诡谲的世事中活成了"人间清醒"。比起年少时飞蛾扑火的横冲直撞,此刻主动择嫁的她已经懂得了隐忍与权衡。无论她对钱谦益真实感情如何,她那漂泊无依的生命孤舟,毕竟已经得以止歇,驶入一片宁静的港湾。可是,此时的她,既回首来时坎坷的辛酸,又深怀对未来的憧憬和不安。所以,云烟蔽月,空惹愁端。

我曾设想,倘若钱谦益早年遇见她,大概也只能如陈子龙一般辜负她的盛情吧。几十年前，他也曾意气风发，轻裘缓带，也曾想建功立业，也曾为仕途辗转，一场旅途中偶然瞥见的红袖，又岂能挽住他随风飞扬的裙带？人生的相遇相知何其玄妙，分厘之差，失之千里，早一步是君生我未生，晚一步是我生君已老，都只是情深缘浅，抵不过时间。

彼时柳如是萌生了想要安定的心愿，而于钱谦益来说，她是他迟暮生涯的一束焰火，照亮日薄西山的前路。他为她盖壮观华丽的"绛云楼"，修"红豆馆"，琼楼华盖，倾其所有，只为予她半生安宁。

但若只是拿几段爱情来解读柳如是，未免低看了这位"扬眉女子"。柳如是的人生，又怎是只由简单的两段爱情构成。南明王朝风雨凄凄，最后送走王朝的人们，都活在时代的刀尖上，步履蹒跚，足尖渗出血来。清顺治二年（1645年），清兵兵临南京，时任南明弘光朝礼部尚书的钱谦益献城变节，剃发降清。柳如是力劝他殉国保节，并愿先行一步，他却只是救起落水的她，终是无言。

这一场对峙，钱谦益在柳如是坚定的眼神下败下阵来。

明末清初有气有节的刚烈女子，并不止柳如是一个。而面对变幻的朝局，左右摇摆、犹疑不决的文士，也不止钱谦益一人。在大是大非面前，柔弱女子反而愈见清刚。越是出身低微，身处泥沼，便越是洗尽铅华，向往高洁。青楼佳人，比起生来富贵、流连功名的文士，她们了无羁绊，没什么不可以失去，便能步履轻盈，无坚不摧。

柳如是拒绝了与钱谦益北上入京。而在他辞官归来时，欣然相迎。此后的岁月动荡流徙，当他因抗清被捕，她毅然相伴相随。当他释罪放归，她便鼓舞他继续抗清。

比起钱谦益，她年少时的恋人陈子龙却活成了她期许的样子，成全了一世清白。清兵攻破南京时，陈子龙联络松江水师抗清，兵败后避匿山中。后又集结太湖兵抗清，此事却被泄露。清顺治四年（1647年），陈子龙被捕于苏州，乘隙投水而死。当初想与钱谦益一起投水殉国的她，不知听到了这样的消息，又会作何感慨。她终究是没有看错他，他依然清烈冰洁，她却已缁衣束发，早不似当年摇曳生情。

人的一生中，总会遇见两个人，一个金风玉露，曾踏马青春，云霞飞袖，惊艳了匆匆岁月。另一个清水微澜，素衣无尘，陪伴守候，温暖了此后人生。相爱的时候，都曾用尽万种风情，换一颗赤子之心。年少的记忆如烟雨空蒙，终于涣散。而常熟红豆山庄里钱柳携手同种的红豆树，历经浮沉变幻，仍郁郁青青。

我们也重新理解了爱情。记忆会在心底拣沙入蚌，凝成一枚珍珠。陈子龙临死前眼前浮现的，仍是当年庭院深深里那个水袖轻舞的女孩。如露亦如电，应作如是观。千帆落尽后，打动人心的，是白发红颜，相搀相扶，在红豆树下，许一个相思梦。

康熙三年（1664年）五月，钱谦益病故；六月，柳如是从古仪自尽，随他而去。

李香君：伤心无复媚香楼

> 古柳迷烟，荒苔掩石，徘徊重认红桥。锦壁珠帘，空怜野草萧萧。萤飞鬼唱黄昏后，想当时、灯火笙箫。剩年年，细雨香泥，燕子寻巢。
>
> 青山几点胭脂血，做千秋凄怨，一曲娇娆。家国飘零，泪痕都化寒潮。美人纨扇归何处？任桃花、开遍江皋。更伤心，朔雪胡尘，尚话前朝。
>
> ——沈祖棻《高阳台·访媚香楼遗址》

1935年，一位大学里的老先生带着自己的弟子们来到媚香楼，共同缅怀这座楼的主人。他的女弟子沈祖棻写下这首词，追忆秦淮河畔楼中的女子。

很难想象，一位歌伎出身的女子，竟能让百年来的士人反复追忆，这样一位红妆，在属于她的时代里，曾顾盼生过清辉，曾落血化为桃扇，教人想望了数百年。

关于李香君的故事，似乎总要从那条繁华而厚重的秦淮河说起。明末的金陵，是一座歌台暖响、酒醉风流的繁华都会，而在城中蜿蜒流淌的秦淮河，便是点缀于其中的一串明珠，它的两岸，是喧嚣的酒肆，是飘摇的灯笼，是袅袅的笙歌，河厅河房鳞次栉比，桃叶诸姬争芳斗艳，是许多士人的向往之地。如果她只是一个容貌出色、舞技出众的女子，或许早已被人忘记。余怀的《板桥杂记》中，曾用点滴的笔墨勾勒出她的剪影：

> 李香，身躯短小，肤理玉色，慧俊婉转，调笑无双，人名之为"香扇坠"。余有诗赠之云："生小倾城是李香，怀中婀娜袖中藏。何缘十二巫峰女，梦里偏来见楚王。"

娇小玲珑，清纯可爱，最擅长的是那一抹梨园春色，唱得摇曳生情，袅娜直抵人心。时人美誉"香扇坠"。一枚扇坠，听起来虽别致可爱，可毕竟是"被物化"的存在。但彼时在旧院勾栏之中，又谈何地位？为了迎合文人们的趣味，她偶尔也写诗：

> 瑟瑟西风净远天，江山如画镜中悬。
> 不知何处烟波叟，日出呼儿泛钓船。
> ——李香君《题女史卢允真寒江晓泛图》

寥寥几笔，描画天清地远，舟行寒江。意境潇洒，不染尘俗。画中风物，已无从知晓，诗中笔墨，却如诗人心境，空旷清洁，不似俗中物。在《板桥杂记》的叙述里，为李香君所费的笔墨并不多，远不如葛嫩、顾媚、寇白门那些更有棱角的女子。但是在明末复社文人侯方域的《李姬传》中，香君却是他一生难以忘却的红颜。其时政治形势复杂，从小受东林复社党人熏陶的李香君，坚决不与阉党为伍，极力阻止侯方域与阮大铖的党羽王将军交往，面对田仰的重金诱惑，亦丝毫不为所动。"夹道朱楼一径斜，王孙争御富平车。青溪尽种辛夷树，不数东风桃李花"是侯方域赠给她的诗作，世间弱水三千，繁花万朵，偏只有这一株桃李花，灼灼开在心间。

如果只是和文人有过一点儿八卦，一些情愫，大概也不能让这朵桃李花，常开不败。人们熟知李香君，是从清代剧作家孔尚任创作的《桃花扇》开始的。戏剧中，李香君与侯方域的爱情成为作者"借离合之情，抒兴亡之感"的寄托，李香君作为剧中的"女主角"，风骨卓然，大放光彩。

在《却奁》一出中，李香君开始展露性情。侯方域梳拢李香君的第二天，杨龙友前来道贺，告知妆奁酒席之花费，皆为阮大铖所出，并在侯方域面前替阮大铖的罪行辩解"后来结交魏党，只为救护东林"，侯方域非但没有斥责，反而说"俺看圆海情辞迫切，亦觉可怜"。侯方域的暧昧说辞令李香君愤愤不已："他人攻之，官人救之，官人自处于何等也"，李香君一针见血地点明了侯方域因为阮大铖助资而徇私废公的行径，主动丢弃华丽的衣裙和饰品，表明她与阉党竖子势不两立的决心。

《守楼》一出里,福王登基,马士英、阮大铖等阉党余孽死灰复燃,阮大铖因香君却奁一事怀恨在心。新任漕抚田仰决定纳李香君为妾,屡次提亲均遭拒绝后,马士英差遣恶仆家丁夜闯媚香楼前去抢亲。面对杨龙友等人的劝说,李香君拿出与侯方域的定情之扇,表示决不辜负侯方域的情谊:"我立志守节,岂在温饱。忍寒饥,决不下这翠楼梯。"众人见状,便强行为她梳头、穿衣,怎奈她抱誓不从,倒地撞头昏死过去,花容被毁,血溅诗扇,被杨龙友点作几朵桃花,栩栩如生,警醒世人。这柄血扇,便定格在历史中,成为后人不断书写与怀想的信物,也成为李香君流传千古的标签。

《桃花扇》总共四十出,故事冗长,唯独结局匆忙,情深如许的李香君终于在故事的结尾与她的侯郎相见,等过了枯夏苦秋,等来了一场重逢。侯方域指着扇子,想象当日鲜血满扇开红桃,感动不已,却被那突如其来的张道士呵斥道:"你们絮絮叨叨,说的俱是那里话。当此地覆天翻,还恋情根欲种,岂不可笑!""呵呸!两个痴虫,你看国在那里,家在那里,君在那里,父在那里,偏是这点花月情根,割他不断吗?"

只这一声呵斥,侯方域便"冷汗淋漓,如梦初醒",如此花好月圆夜,那讨厌的张道士偏要出来当头棒喝,一生一代一双人,最终竟双双入道。两人就在那一刹那间"顿悟"了,侯生换上道袍,还要总结:"大道才知是,浓情悔认真。"香君回应道:"回头皆幻景,对面是何人。"

媚香楼前,我也曾为香君写了一首词:

> 秦淮何处觅芳容。旧雨打新丛。庭前一水无情碧,送当年,烛影摇红。迷梦香萦歌缓,倚楼人去帘空。
>
> 胭脂血染扇玲珑,此恨曲难终。深情总被江山负,更垂杨、不系飘蓬。燕子重来花下,凭谁细问遗踪。

——《风入松·访媚香楼》

向来情深,奈何缘浅,一念情动,一念缘灭,相爱的人不能相守,徒留我们这些看客为其惋惜,而我们不知道的是,情缘,尚需要命运来成全。

真实的历史中,关于李香君的结局众说纷纭,有说她最终嫁给侯方域,但不受待见,屈居别业。也有说她乱世流离,出家为尼,晚景凄凉。晚清叶衍兰将她选入"秦淮八艳",与马湘兰、卞玉京、柳如是、董小宛、顾横波、寇白门、陈圆圆并称,在《秦淮八艳图咏》中补全了她的结局:"福王即位南都,遍索歌伎,香被选入宫。南都亡,只身逃出,后依卞玉京以终。"

真实的故事没有那么多的跌宕起伏,那把桃花如血的扇子,也只是人们的想象而已。侯方域有《金陵题画扇》一诗流传于世:"秦淮桥下水,旧是六朝月。烟雨惜繁华,吹箫夜不歇",并未提及桃花扇。而孔尚任也曾说,《桃花扇》中人事皆可考,只是《守楼》一出他坦言并无根据,"独香姬面血溅扇,杨龙友以画笔点之,此则龙友小史言于方训公者",是因其事新奇可传才将其写入戏中。真正的李香君,也有风骨气节,只是未必如此激烈,她曾是一朵盛开在秦淮河畔的夭桃,而大家所凭吊的,只是白扇上那一抹如桃的血迹。

年少时,也曾对故事的结局留有困惑,相知相恋的人间深情,年去岁来的守候期盼,怎会因道士的一句呵斥,便戛然而止。故事是假的,讲故事的人却是真的,说书人自有道理,听者亦各有过往,各抱情怀。久而久之,我们再也无从分辨哪些是真的,哪些是假的,因为学会了,在别人的故事里,流着自己的眼泪。

就像很多年后,吴梅和他的学生们,坐着一艘名叫"多丽"的画舫,穿过桨声灯影里的秦淮河,来到媚香楼前,看着庭前一水无情碧,送当年,烛影摇红。他们各抱情思,各有人生的苦恨与悲愁、往事与愿景。关于楼中女子的故事,真假不重要,重要的是,从这故事里,你愿意看到什么。

你是否也憧憬过那样的爱情,开得桃之夭夭,灼灼其华,清净无瑕,眼不见沙?

你是否也回望过那样的时代,世道倾轧,却仍有人自醒自警,活得干脆明白,有义有节?

你是否还向往过那样的举世风雅,一回头就沐浴在繁华胜景里,人皆歌诗词,时能见风骨?

在所有昔胜今非的对照中，逝去的秦淮风流就像一个永不消逝的记忆符码，存在于人们的想望之中，从对前世的回眸与怅望之中，寻绎心中的托寄，化解此世的烦忧。

　　民国的南京，是绿窗春与天俱莫，花谢窗留绿，天与春俱晚，无论换上怎样的灯彩，都换不来这座古老城市从前的生机。1935年，在明朝灭亡的二百九十一年后，那些找不到归属的文人们，聚集在媚香楼前，咀嚼着当年复社文人同样的情愫，在经年离乱、世事变幻的命运前，在对南都繁华与古典主义的追忆中，留下了回眸与追挽的怅惘。

　　故事从来没有结束，伤心人别有怀抱，令人想望的，又何止是一柄桃花扇？

徐灿：恰似浮生不若梦

春时节，昨朝似雨今朝雪。今朝雪，半春香暖，竟成抛撇。

销魂不待君先说，凄凄似痛还如咽。还如咽，旧恩新宠，晓云流月。

——徐灿《忆秦娥·春感次素庵韵》

拙政园的水阁依旧潺潺流响，片云飞絮随流水婉转不尽，然而此园的主人却已因罪远走千里，毕生也未能得见这一方碧水青天。

徐灿的词集以拙政园命名，然而实际上她一生也没有见到这座丈夫购置、希冀与她共度良宵的园林。尽管如此，拙政园却因了徐灿的词愈加盛名，徐灿也因了拙政园之名而大放异彩。这个有一代盛名的才女，直追易安，堪比淑真。陈维崧曾在《妇人集》中称其"才锋遒丽，生平著小词绝佳，盖南宋以来，闺房之秀，一人而已。其词娣视淑真，姒蓄清照"。

然而就是这样一个女子，虽在文学的丰碑上熠熠生辉，却在风起云涌的漫长一生里颠沛流离，尝尽了世事悲欢。

那一年，她的公公陈祖苞"坐失事系狱，饮鸩卒"，祸不单行，崇祯帝迁怒于她的丈夫陈之遴："锢其子编修之遴永不叙。"这寥寥数十字写下轻松，却给陈家带来了巨大的打击。原先锦帽貂裘的仕宦生活没有了不说，对于陈之遴来说，这一生再无希望实现自己的政治理想和远大抱负，再无法以七尺之躯一腔才华重挽大明王朝于危难之中，这才是毕生难以释怀的憾事。

带着深深的失意和无奈，陈之遴和徐灿扶着陈祖苞的灵柩回到了故里。昔年养尊处优的甜蜜夫妻在患难中相濡以沫，彼此扶持。然而苦难才刚刚开始，崇祯十七年（1644年），崇祯帝吊死于煤山，明朝走向灭亡。这一切，击碎了陈之遴的壮志宏图，也击碎了徐灿岁月静好现世安稳的生活梦想。

但是功名利禄对士子而言便如同众人追逐的禁脔，他们对此总是乐此不疲、趋之若鹜。清兵入关，扯下了大明王朝的帷幕，扬起了爱新觉罗的旗帜。一个朝代终于成为历史，而新的王朝在铁马冰河中以欣欣向荣的姿态铮铮而立。陈之遴被顺治皇帝开下的诱人筹码深深吸引，在那个风口浪尖的敏感时刻弃置了文人坚守的气节和忠义，向大清势力俯首称臣，彻底背离了他的王朝和他曾经的信仰。

他迎着春风踏马北上，再一次情绪高昂踌躇满志，仿佛人生的第二春来到。可是，站在他身后的女子却神色黯然，那不满微愤而又无可奈何的心情依稀可感。她不愿随他北上，可"识大体，通书史，性颖慧"的她又怎能不守妇道不顾礼节地不随丈夫就职呢？种种矛盾纠葛缠绕在徐灿心间，就是在这个时候，无奈而伤感的徐灿怀着对丈夫讳莫如深的复杂情绪写下这首《忆秦娥·春感次素庵韵》。

> 春时节，昨朝似雨今朝雪。今朝雪，半春香暖，竟成抛撇。
> 销魂不待君先说，凄凄似痛还如咽。还如咽，旧恩新宠，晓云流月。
>
> ——徐灿《忆秦娥·春感次素庵韵》

这一首词极尽苍凉，语气幽咽。上阕看似写春时天气，实则隐喻他们之前的坎坷起落，"竟成抛撇"正是暗喻陈之遴被崇祯帝判下"永不叙"的祸事。下阕便入正题："销魂不待君先说，凄凄似痛还如咽。"——这国破家亡的悲哀无须你多言，你我皆是感同身受，要说说不得，欲写下更难，开口唯有幽咽。然而，幽咽又如何？你还是要弃置旧恩不顾，踏马寻新宠。你可知，这世间几度春秋，风起云涌，不过是过眼烟云、流水风月，短暂无常。

这一腔的不满化为一纸寥寥数字，自幼接受的礼教让她无法对丈夫的变节行为做出激烈的抗议，只能以这幽咽的语气婉转表达。对皇皇大明故国的哀思，对曾经那个繁华锦绣的家的眷恋，对过去甜蜜生活的怀想，尽数化为一个个蝇头小楷，写在少妇的信笺上。而对丈夫变节行为的反对，对其北上就职的排斥，对大清王朝的疏离，也同时借着才女手中之笔汩汩流出，语气婉转低沉，仿佛是那苏州河上拉着喑哑胡琴的老者，诉说着难以分辨的悲凉和忧伤。

这些总不免让人想起与她同一时代的另一个女子——那个叫作柳如是的江南女子，选择用另一种截然相反的激烈方式抗议丈夫的变节。面对钱谦益殉国时的低回犹豫，柳如是愤然起身，抱着对故国的忠诚和对丈夫的失望毅然决然地纵身跃入冰冷的池水中；而当钱谦益北上任职之时，她言辞激烈地拒绝了丈夫的邀约，独守南方。

扬眉女子，当如是。她践行了徐灿写在纸上的情怀，宛如一个从诗词里走出来、身体力行的徐灿。

只是，她们最终也不能改变什么，繁华落尽，洗了愁情，凉了心境，只余无奈。

江南风月依旧，六朝脂粉之气漫漶了碧绿的秦淮河，千年挥之不去。拙政园的萋萋芳草染绿了苏州河的粼粼清波，岁岁春又发。然而穿过此间的女子们，却总带着淡淡轻愁，氤氲了江南朦胧薄雾的梅雨时节。无论选择怎样的方式，她们都无法阻挡枕边之人迈向名利场的脚步，她们都无法拉住大明王朝没落的背影，无法抵抗后金人强悍的铁蹄，也都无从抗拒历史的洪流将她们卷向无可预测的路途。一切只如徐灿词中意境一般幽咽难言，生命之动荡如同初春时节多变的雨雪天气，而所有的荣辱在这乱世动荡之中都只如同晓云流月一般无足轻重，短暂无常。

而对于徐灿来说，这一生的流离，恰似浮生不若梦。

黄媛介：淡淡云间林下风

> 风满楼,雨满楼。风雨年年无了休,余香冷似秋。
> 卖花声,卖花舟。万紫千红总是愁,春流难断头。
> ——黄媛介《长相思·春暮》

一身书卷,落拓青衫,她踏马走天涯。在明末清初战乱流离的时代,寻常女子至多不过做做针线来补贴家用,这个女子却用孱弱之躯、盖世才华当起了"中国第一代职业妇女",靠教书、卖字画、写诗集支撑起家庭的日常开支,养家糊口。

黄媛介出身于明代末年,那是一个风雨飘摇的年代,政权的支离破碎、商业的巨大冲击以及正统思想面临的重大危机……都使得这个出生于这个时代的人,注定不平凡。在浙江嘉兴,这样一个泛着杏花烟雨气息的江南小城里,女孩黄媛介来到了世间。她诞生在一个书香门第,叔父黄葵阳、哥哥黄象三都在当时的文坛颇有名气。她的姐姐黄媛贞也是当时出名的才女。在这样的诗书之家成长起来的黄媛介"髫龄即娴翰墨，好吟咏，工书画"。她的字"楷书仿《黄庭经》，画似吴仲圭，而简远过之"，她的诗"初从选体入，后师杜少陵，清洒高洁"。少有才名的她，招来许多世家子弟的爱慕。其中，晚明文人团体复社的创始人张溥曾有意纳她为妾，那个时候，张溥刚入翰林，正是位高权重之际，可是媛介只是淡淡地在屏风之后看了几眼前来拜会的张溥，又淡淡地离去，临去前，对父亲说道："我以为张公是名士，所以才来见他。看到他以后，却发现他有才但是没有命，真是可惜。"谁料世事果真难料，不出一年，张溥竟然溘然离世。

这个年纪轻轻却仿佛已参透世事的淡淡女子，坚持嫁给了一贫如洗却与自己有过婚姻之约的杨世功。没有车马没有房屋，她就这么孤落落地只身嫁了过去，杨世功根本无力娶亲，常年漂泊流落在外，她也只是淡淡地接受了这些，布衣椎髻，也安之若素。

人生的选择往往一念之间，许多人患得患失，茫然无措。而这位静默如兰的淡雅女子，似乎毫不计较世俗的得失。当年只要是一个转身回头的选择，她就能平步青云，可是那些富贵烟云，似乎对她来讲，都不重要。

既然家贫如洗，那么她便担起这重任。书画上的才艺让她崭露头角，于是她开始写字作画为生。多年以前，"吴门四才子"之一的唐伯虎也曾卖画为生，丹青墨宝名贵一时，他也因此在苏州城里修建了一座世外桃源的桃花坞。媛介的画极是素淡雅致，宛如其人，她推崇元人倪瓒、明人董其昌的笔墨情趣，尤擅长笔墨简淡的山水画。所绘的景致疏远而空旷，常置虚亭于华木茂林中，文人野逸之情又荡然于清幽空寂的画面里。她的行笔线条纤弱中内含筋骨，墨有浓淡之分，设色以淡赭晕染为主。

崇祯十六年（1643年），黄媛介的第一部诗集问世。这个时候，她只有二十多岁。明末著名学者诗人钱谦益为她的诗集作序，钱谦益评价她的诗歌"如霜林之落叶，如午夜之清梵"。也是这一年，她与柳如是相识，一见倾心，引为知交。绛云楼上，她们谈诗作画，才女遇见才女，总是惺惺惜惺惺，尤其是柳如是这般的扬眉女子遇见黄媛介这样清新素淡的雅士，就如朗月照见清风，高山忽逢流水，山中高士之遇世外仙姝，红尘佳秀得见林间美人。她和柳如是常有诗词唱和，临别之际，她依依不舍——

黄金不惜为幽人，种种语殷勤。竹开三径，图存四壁，便足千春。

匆匆欲去尚因循，几处暗伤神。曾陪对镜，也同待月，常伴弹筝。

剪灯絮语梦难成，分手更多情。栏前花瘦，衣中香暖，就里言深。

月儿残了又重明，后会岂如今。半帆微雨，满船归况，万种离心。

——《眼儿媚·谢别柳河东夫人》

能被柳如是敬重并与之相知的人，一定不会是一般的女子。当年清军的铁蹄踏过江南，柳如是直要拉着钱谦益跳河殉国，他不跳，她就自顾自地跳了下去，那份英气和勇气，让一代诗翁文坛泰斗的钱谦益也自叹弗如。黄媛介定也是真心敬重这位河东夫人的，不知秦淮河柔靡的脉脉清波是如何养出了这位须眉也为之侧目的奇女子。顺治八年（1651年），黄媛介作《为河东夫人作浅绛山水》卷，著录于《古代书画过目汇考》。柳如是也没有辜负她的一番情意，她盛赞黄媛介为"无瑕词史"，"无瑕"一词，便将黄媛介那出尘仪态、清澈气韵勾勒出来。

同样颠沛流离于明清乱世，同样目睹山河家国的破碎，同为前朝重臣，同置家业于江南，同样往来酬唱，祁彪佳投水自尽，王思任绝食身亡，吴伟业、钱谦益则以出仕与遁迹的交错方式求得了道德的安慰与生命的兼取。而处于乱世之中困窘落魄的黄媛介用一支秃笔写尽人生沧桑。既然她有胆识担起男子才能担起的家庭责任，那她也不会对国破城倾无动于衷。在她的心中，或许有个金戈铁马的梦——《长相思·春暮》：

风满楼，雨满楼。风雨年年无了休，余香冷似秋。
卖花声，卖花舟。万紫千红总是愁，春流难断头。

这首双调小令又名《双红豆》，上片首句化用唐代许浑《咸阳城东楼》中"山雨欲来风满楼"的诗句而成，描绘出明朝大势已去，流露出无可奈何的悲叹。由动荡混乱的形势联想到身为女性的境遇，如同风中秋季的落花，悲怆之感，摧己心碎，这是时代鼎革造成的悲凉心态，是乱世身世之感的抒写。"卖花声，卖花舟"，面对小船载满的争妍百花，应是喜上心来，可识尽沧桑、心系国忧的才女，没有朱熹《春日》诗中"万紫千红总是春"的喜悦，满眼只是"余香冷似秋"的感伤。色彩鲜艳的春景与悲伤愁惨的心绪形成鲜明的对比，蕴藉深广。因为这愁不是个人的春去花凋，而是国破家亡的社会现实。

《越游草》《湖上草》《离隐词》，随着一本本诗集的面世，黄媛介的才名也越来越大。在山阴一带，文坛中的才子佳人没有不识得她的。烽烟熄灭，她也终于在秀美的江南安顿下来。因为有诗才，被当地许多名门聘请为闺塾师——也就是女性家庭教师，这份职业，无疑代表着黄媛介具有了独立稳定的经济能力和被认可的社会身份，无论是在哪一时哪一代，都是极为罕见的。随后的交游中，她遇到了与钱谦益并称的诗人吴伟业。这位曾写下"恸哭六军俱缟素，冲冠一怒为红颜"（《圆圆曲》）的复社文人，和钱谦益一样为她的诗集写下序言，"所携唯书卷自随，相见乃铅华不御"。她素颜见客，倚马风流，毫无矫饰之情，那份洒脱淡然的风致，让人不禁想起东晋时期那位吟出"未若柳絮因风起"的才女谢道韫，"山阴道上桂花初，王谢风流满晋书"，千年以前，这片土地上也有位盖世的才女，神色哂然，眉目清秀，宛然如出尘谪仙，千年之后的黄媛介似乎秉承了这样的神韵,将那一番魏晋风度朗朗而散,惊才绝艳却又人淡如菊。

  一身书卷随行,满面素颜相待,黄媛介并没有因为贫穷而落魄,反而因为在经济上和地位上的独立自主赢得了一方天地,这个时候,大概我们才会真的了解这位淡淡女子的最终选择——不是位高权重的翰林夫人,亦非红袖添香的深院佳人,她要的,是这份自由与独立、洒脱和淡然。在不断的写作、绘画、教书之中,她倾泻着满腹的才情,实现着自我的价值,完成了一种自我实现的圆满。或许,她生来就是云间出岫的淡淡女子,在风尘中来去,完成一场自我的修行。

  吴伟业有诗咏黄媛介云:

> 石州螺黛点新妆,小拂乌丝字几行。
> 粉本留香泥蛱蝶,锦囊添线绣鸳鸯。
> 秋风捣素描长卷,春日鸣筝制短章。
> 江夏只今标艺苑,无双才子扫眉娘。

  有什么能比在男权社会中被平等地承认更值得欣慰的呢?做一个添酒挑灯、顾盼生姿的佳人固然是男人的心头肉、掌上的明月珠,可是以色事人、取悦男人的女子又能获得多久的荣宠?做一个温柔敦厚、尽善尽责的妻子固然算是完成了现世的责任、世人的期许,可是仅仅如此,漫长的岁月又该多么平淡而留下的背影又该多么苍白?所以,黄媛介做了最有勇气最有力度的选择,她越过性别的藩篱,用一腔才华直逼当世男子，又以柔弱之躯、八斗学识扛起家庭重责，这位仿佛穿梭在云间的女子洒脱而淡然的、却又不无落寞而萧索地、柔弱而又有力地，度过了她在人间的岁月。她被男人放在比床前的明月光、心头的朱砂痣更具力度的位置——一个具有独立思想、自由精神的知性女子。

淡淡云间，林下风致，这样的形容不是每个女子都担得起。当年谢道韫和张彤云一齐出现在道姑济尼面前，济尼评说"王夫人神情散朗，故有林下之风；顾家妇清心玉映，自有闺房之秀"。清心玉映的闺房之秀，仍是逃不过传统女子的藩篱，而英气逼人的林下之风，却直比"竹林七贤"的飒然风致。姜绍书在《无声诗史》中赞黄媛介道："此闺阁而有林下风者也。"施淑仪在《清代闺阁诗人征略》中以"林下风者"来推崇黄媛介，可见那惊鸿一瞥下的绝代风华。

梨花院落溶溶月，柳絮池塘淡淡风，素颜之下，又见倾城，原来让人长相念的，未必是粉面与红颜，还有一种，叫作林下风，她天然去雕饰，却在顾盼回首间，天光毕现。

第六卷

碧落·清

沈宛：江南雨梦结清愁

> 惆怅凄凄秋暮天，萧条离别后，已经年。乌丝旧咏细生怜。梦魂飞故国，不能前。
>
> 无穷幽怨类啼鹃，总数多血泪，亦徒然。枝分连理绝姻缘。独窥天上月，几回圆。
>
> ——沈宛《朝玉阶·秋月有感》

人生的遇见曼妙不可言，春风遇见流云，酝酿成一场春光旖旎的杏花烟雨；碎石遇见湖蚌，磨砺成玉润珠圆的一粒珍珠；明月遇见山梅，便摇曳成一段暗香疏影的清幽夜色。

在徐树敏、钱岳辑录的《众香词》里，有一位神秘的江南女子。《众香词》是明末清初女子词的总集，其中有五首词，来自一位芳名"沈宛"的女子，书中这样介绍她：

> 沈宛，字御蝉，乌程人，适长白成容若进士，甫一年有子，得母教，《选梦词》。

容若，便是远在皇城的清贵胄纳兰性德，他是当朝冢宰、武英殿大学士纳兰明珠之子，身任康熙皇帝一等侍卫。他从友人顾贞观那里听到她的名字，便写信给顾贞观："又闻琴川沈姓有女颇佳，亦望吾哥略为留意。"在他的第一任妻子卢氏去世之后，他思念亡妻，终日抑郁。后来也不是没有同枕之人，续娶了贵族女子官氏，但举案齐眉，到底意难平。

沈宛不一样，她活在江南的雨梦里，泛着丁香的轻愁，有才名，知诗书，词句玉润珠圆，氤氲着江南水乡的柔美清逸：

难驻青皇归去驾，飘零粉白脂红。今朝不比锦香丛。画梁双燕子，应也恨匆匆。

迟日纱窗人自静，檐前铁马丁冬。无情芳草唤愁浓，闲吟佳句，怪杀雨兼风。

——沈宛《临江仙·春去》

容若不知道，此时的沈宛，也早已仰慕着京师的他。

终于，他等来了一个机会，康熙南巡，纳兰随扈，他们历经一场命定的相逢。

纳兰写过一首《减字木兰花》：

相逢不语，一朵芙蓉著秋雨。小晕红潮，斜溜鬟心只凤翘。

> 待将低唤，直为凝情恐人见。欲诉幽怀，转过
> 回阑叩玉钗。
>
> ——纳兰性德《减字木兰花》

《精选国朝诗馀》里载，"转过回阑叩玉钗"原作"选梦凭它到镜台"，"选梦"，正是沈宛词集之名。"镜台"用晋代温峤娶妇典故，切合容若纳沈宛为妾之事。隔着光阴的帘幕，我们仍能窥见那一次邂逅的脉脉深情。

还有一种说法，说顾贞观驾一叶扁舟，从江南带回了沈宛。那一夜，纳兰梦见雨中芙蓉初绽，月下环佩轻灵。清晨醒来，他见到小晕红潮的沈宛，那一刻，他们相对忘言，只有清风吹过池塘。

她一定清雅动人，才让他用芙蓉去比喻，雨落芙蓉，正是江南最常见的风景，也是她与生俱来的气质。见到了心上人，她红潮扑面，霎时间粉面含春，娇羞不已，更惹得他心中怜悯。

明明有千万句话想说，却又不知如何开口，等到他轻声唤起，却又害怕旁人窥见了自己的心思——这或许是所有初心萌动的少女都有的心思吧，欲拒还迎，欲言又止，若是知音，便会知道那眼波流转间的默然之爱、寂静之喜。相逢的喜悦，和遮也遮不住、藏也藏不尽的欢欣，从字里行间满溢出来如碧水潮生，青草滋长，欣欣向荣，这份欢喜是如此的盛大，如同共赴一场春天的花事。

与沈宛的相遇，圆了未了的尘梦。沈宛让他从往事的梦

中惊醒,又跌落入另一个江南雨梦。他错过的,她愿意用更多的温柔来偿。

他们成亲了。尽管不那么光明正大,尽管还不曾得到纳兰家的认可,但他们还是任性地在一起了。他说她是天上的仙子,堕入世间只为与他结一场俗世情缘。年少的爱恋挥之不去,他错过岁岁朝朝的春花秋月,却在江南枯木逢春。他是京都名门公子,她是坊间旧院脂粉,隔了山水长空,他们的身份是云泥之别。但爱情可以不问出身,只在乎那一眼的灵犀一点,相看不厌。

他们的婚礼很简单,没有八抬大轿,也没有十里红妆,他们的信物就是彼此的真心,证人是天上的月亮,清风簌簌是祝福,海棠花开滴红烛,一曲琴音,为他们伴奏,两叠诗笺,是相许的誓言,一座厅堂一双人,绾上青丝,系上同心结。

然而,纳兰家族不会承认这样一个妾室。不仅是因为沈宛的身份低微,更有逾越不过的满汉之别。在纳兰氏的族谱上,有妻卢氏,有继室官氏,却没有江南沈宛的一席之位。沈宛所留下的,如吉光片羽般的五首《选梦词》里,未曾提到容若。遍检纳兰二十卷《通志堂集》,亦无沈宛之名。在《纳兰君墓志铭》和《纳兰君神道碑铭》中,也没有一星半点儿关于沈宛的记录。她像是一个被历史忘记的人,匆促地途经一场昙花的盛放,一如清风徐来,流雪逝去。

但,我们仍能从那历史的罅隙里,窥见她的痕迹。在徐树敏的《众香词》、蒋重光的《昭代词选》、朱祖谋的《国朝湖州词录》、徐乃昌的《闺秀词钞》、叶恭绰的《全清词钞》中，全都收录了沈宛的词作。徐树敏的父亲徐乾学，正是纳兰的座师，而《众香词》在纳兰亡故后五年便已刊刻，所载之事，当属切实。

无独有偶，在纳兰的至交姜宸英的《湛园藏稿》里，明确提到纳兰有一位"副室"。申俞兆曾为纳兰写的挽词《洞仙歌》有"倚床选梦，侧帽征歌，凄凉付、一霎西窗风雨"之句，更是直接将沈宛之"选梦"与纳兰之"侧帽"并提。

据说，纳兰把抵京的沈宛安置在一座别院中，嘱友人严绳孙书写匾额"鸳鸯社"，过上了无人打扰的夫妻生活，琴瑟相谐，莫不静好。

但无论如何，对于沈宛，他终归是亏欠的。他为她绾青丝，为她置别院，为她不顾身份执意相守，但他毕竟不是塞上矫健自由的雄鹰，无法挣脱与生俱来的枷锁，终归是要回到纳兰府邸，做他的御前侍卫、相门公子。他和沈宛之间，隔着满汉之分、尊卑之别，要怎样的决绝对抗才能逾越？

这大概也可以解释，为何在官方的记录中，我们始终触摸不到伊人的身影。

不被承认的婚姻关系，让他们的每一次相守都变得隐秘难寻。而处处桎梏的身份界限，则让他们不得不历经一次次离别。那一夜春风过境，雨落河源，在他心里，下起了落英缤纷，凝成相思豆。在她心里，化作蝶舞天涯，留待成追忆。

> 白玉帐寒夜静,帘幕月明微冷。两地看冰盘,路漫漫。恼杀天边归雁,不寄慰愁书柬。谁料是归程,怅三星。
>
> ——沈宛《一痕沙·望远》

从此她爱上了倚窗,眺望远方。那些花瓣轻匀的细碎流年,那遍纸霜华的切切情意,都在记忆的深处凝为永恒。一双红豆子,两处烟波愁,她习惯了日升月落,寂寞等候,盼来天边的归雁,却未带来归人的书笺。是否你的心头也有过这样一颗朱砂,想起他,回肠一缕热,心尖一点冰。

遍寻史书,我们都看不到关于江南沈宛的结局,不知道她是在纳兰生前就已经如风远走,还是陪伴纳兰走过了人生最后的旅程。她只留下了五首《选梦词》,令人们想象她落寞的背影:

> 雁书蝶梦皆成杳,月户门窗人悄悄。记得画楼东,归骢系月中。
>
> 醒来灯未灭,心事和谁说。只有旧罗裳,偷沾泪两行。
>
> ——沈宛《菩萨蛮·忆旧》

她和容若相守不到一载,他便溘然长逝。谁都不曾料到,原来最后阻隔他们的不是满汉之界,亦非尊卑之分,而是生离死别——这一次,容若阔别凡尘,去往天上,和逝去的往事拥抱。而他的身后,是再无依靠的沈宛。

这短暂的不过一载的情事,却令她仿佛走过了一生的起落。昙花一现,便是永远。一朝花开,一朝凋落,已然燃尽心焰。

我想,或许她顺一叶扁舟而下,回到了故事开始的地方。江南的秋雨,随着思念深深淌入生命之中,温润她疼痛的伤口:

惆怅凄凄秋暮天,萧条离别后,已经年。乌丝旧咏细生怜。梦魂飞故国,不能前。

无穷幽怨类啼鹃,总数多血泪,亦徒然。枝分连理绝姻缘。独窥天上月,几回圆。

——沈宛《朝玉阶·秋月有感》

"枝分连理绝姻缘",如果这是他们注定的结局,那总好过从未遇见。毕竟,年年岁岁,看到天上的圆月,还能想起一个人,曾竭尽全力,为她照亮过寡淡的人生。

最好的结局不过是,离别有尽,此生能圆。与你相约,来世再见。

吴藻：片言谁解诉秋心

>一卷《离骚》一卷经，十年心事十年灯。芭蕉叶上几秋声。
>
>欲哭不成还强笑，讳愁无奈学忘情。误人犹是说聪明。
>
>——吴藻《浣溪沙》

冷了红牙，蛀了铜琶，一年年，减尽才华。十年心事，背灯和月，无奈从来形单影只，片言谁解，可诉秋心？只有一卷一卷离骚经卷，枯了墨迹，泛了黄笺。

"比肩《漱玉》""《断肠》嗣响"，《香南雪北庐集》里是那般清灵优柔的文字，映照出吴藻的蕙质兰心。这位创作出《花帘词》和《香南雪北庐集》的清代才女，堪称清代的奇花异葩，可是若年轮可回，人生重新流转，想必她未必会眷惜这一身才情，不如抛却颖慧，也随他人傻傻地过，也许，便不会有这一生无尽的郁郁哀愁、茫茫忧愤。

清朝嘉庆年间，吴藻诞生在一个商贾之家。那一年，江南草长莺飞，一声嗷嗷的哭音啼破三月的烟花，吴家迎来一个新生命。许是家族想脱了这身铜臭俗气，许是父亲自己不谙翰墨的缘故，父母非常重视吴藻的教育。殷实的家境，闲适的生活，吴藻在这样优渥的环境中成长起来，恍如一个幸福的小公主。年未及笄，她已妙解音律，能诗会画，自制乐府《乔影》，一时之间传唱大江南北。

少女时代的生活是一首轻快的歌谣，乐音清脆，声调轻柔，然而尾音铿锵，一收即停。步入双十年华的她依然沉浸于自己的世界里，却不知少女是诗，总有韵脚，这里终归不是她永久的家。外面广阔的空间里，她要寻到一个归宿。

二十二岁，她嫁入豪门黄家，完成了一个女孩到女人的升华，由一个富家小姐变为一位贵夫人。

可是从此之后，她却再也没有欢笑过。

这个富有的男人对她温柔顺从，爱她护她敬她疼她，可是那些年月里所幻想过的爱情怎会是这个样子。她看着一身俗气的丈夫只会翻阅账簿、查收银票，却丝毫不懂得《离骚》里的忧愤、《漱玉》里的悲伤，伤心变成了灰心，灰心变成了死心。他不懂她——这一点已经足够让她失却所有对于婚姻生活的热情。那时曾想过的爱情，该是一场凄迷浪漫的风花雪月，该是你侬我侬你情我愿你知我懂的精神之恋，该是笔锋眷恋你填《西江月》、琴心流连我弹《春去也》般的知己之情。可世事一场大梦，算来不过是一场空，所有曾有过的美好梦想都被现实拉扯得粉碎，只有这支笔，还能给她一点点安慰和救赎。

所以她说:"一卷《离骚》一卷经,十年心事十年灯。"一卷《离骚》,便是她灰色心事的底色——忧愤,悲戚。十年心事,便是这经年无法向他人道的婚后生活。算算十年光阴,都是经书佛卷伴着这一个人的独奏。明月镀染床前的冷寂,西风卷落花帘,她对着岁岁良宵却只能写下这些一个人的心事,她著下《香南雪北庐集》,可是纵逃至山南水北,也躲不过岁岁凄迷。

蝴蝶去向无影踪,举杯消愁意正浓,无人懂。其实如吴藻这般的才女,最怕的就是无人懂得,她是如此敏感多情的女子,心中有爱亦有爱的热情,只要遇到一个懂她的人,那些满得要溢出的感情就会喷薄而出,幸福得要醉倒。只是"所适非偶",她只能掩埋这些少女般炽烈充盈的情意,默默书写自己才看得懂的情诗。

"欲哭不成还强笑,讳愁无奈学忘情。"或许真的,"忘情"才是最好的选择。不如不要了那些幻梦臆想,就这么随着流光悄悄过。

然而人生总是倥偬辗转。十年之后,那个她一直认定了志不同道不合的丈夫溘然长逝,再也不会在她面前让她心烦嫌弃。这个时候,她却忽然感到了真正的孤独——

冷月如霜,西风卷帘,原来真正的茕茕孑立是望断了长空也不见人影的孤单,那时尽管内心无所依赖,但是至少还能看见他真实可触的身影,感受一丝人气。

原来真正的形单影只是半夜醒来发现孤枕微凉,鸳鸯瓦冷，翡翠衾寒无人共。翻个身，再也不会触到身侧厚实的肩膀。而在梦里，还有牵过手的余温，抖掉她最后的温情。

这个时候，她终于真正绝望。于是毅然遁入空门，皈依莲座，随青灯古佛葬了此生才华，葬了最初的梦想和最后的回忆。未曾满意的生活，未能寻得的幸福，只能划归为遗憾，用诗词来记录，用经诵来抚平，用最后寡然到往里推倒一座院墙也不起波澜的阑珊心意，来默默吞噬岁月带给她的所有伤，或者痛。

只是，我总觉得，那个让她不满意的男子，并不见得是那样不懂得她。在他仍在她身边的岁月里，他是爱她的，他如此纵容宠溺她，任她听风赏雨、诗酒风流，她不仅可以毫无顾忌地与男性友人来往，甚至还女扮男装携妓出游，"偏我轻狂，要消受玉人心许"（《洞仙歌》），并公然把这些记载在词作里。除了不能陪她，他几乎做了最大的宽容和让步。在那样一个压抑女性的时代，她能拥有如此开明自由的生活环境，得益于她那开明宽容的丈夫。

可是，她是否真的懂得？

也许，若没有颖慧于常人的才情，清高孤雅有甚男子的个性，她也许会放低身段，她也许会尝试着走入他的世界，懂得感激和理解，懂得爱，不仅仅是心有灵犀，不一定要绚烂如诗，也包含着宽容，理解，而最终，总是要复归于平淡和宁静的。其实她已经执起了他的手，又何尝不能偕老？

只可惜，她的诗也好，词也罢，也不过是——片言谁解诉秋心。

贺双卿：青山深处隐断肠

> 寸寸微云，丝丝残照，有无明灭难消。正断魂魂断，闪闪摇摇。望望山山水水，人去去，隐隐迢迢。从今后，酸酸楚楚，只似今宵。
>
> 青遥。问天不应，看小小双卿，袅袅无聊。更见谁谁见，谁痛花娇？谁望欢欢喜喜，偷素粉，写写描描？谁还管，生生世世，夜夜朝朝。
>
> ——贺双卿《凤凰台上忆吹箫》

那一日，她望着绡山层叠翠微，出岫云彩，一片悲凉。隐隐青山，迢迢碧水，韩西清丽的背影消失在落日染黄的云端，离愁渐远渐无穷，迢迢不断如初春连绵的雨露。

那一刻，她的心渐渐冷却，生命里最后一丝余温也消逝掉最后的暖意。从此后，再也没有人会在星光斑斓的夜晚，送来一桌热乎的佳肴；再也没有人会在初晴春好时节，拉着她的手要她教书写字；再也不会有那样一个钟灵毓秀的女子，偷来素粉，和她在芦叶竹叶上写写描描，欢欢喜喜地吟诵着她新填的词句。

——那是二十年寒冷彻骨的人生里，唯一犹存的微暖。

"生有宿慧，负绝世才，秉绝代姿。"双卿的故事一开始就是那样唯美动人。在江苏绡山的叠嶂之中，隐着这样一位绝世的佳人，她在山的怀抱里静默成长，如同一枝独立墙角的栀子花。闲着的时候，双卿会去舅舅开的私塾里旁听，一一记下那横平竖直的方块字，还有那些婉转动听的清词小曲。

就是那么一天，或许生命里命定的相逢总出现在一个普通的日子里。她倚于窗下，依旧悉心聆听舅舅的讲述，然而眉目轻转，恰巧撞上那个年轻公子回转的目光。她羞涩低首，他释然微笑……然后，他们相识、相知，或许还有那么一点点心照不宣的倾心。

可是，作为农家女子的她，又怎能抗拒这门户之见？理所当然的，她被叔父许给了金坛的农民周大旺。从此后，酸酸楚楚，冷月如霜。

忘记最初的青涩，温婉善良的双卿开始经营另一份感情。可是粗鄙如周大旺，怎能理解这绝世才女的蕙质兰心？更不幸的是，周大旺不仅粗俗，更是残暴野蛮。柔弱的妻子因为病痛而耽误了送饭时间，便引来丈夫的一顿毒打。最可怕的是，还有一个刁泼蛮恶的婆婆，将家中最重最累的活全交给这个柔弱的女子，还经常找碴儿，稍不顺眼非打即骂。不过一年的时间，可怜的新媳妇双卿竟然被虐待至患上不治之症——疟疾！

　　生命里最初的爱恋，终于在时间的涤荡中只留一滴泪斑。而经年无法回避的灰色痛苦，却成了生命的主色调。

　　幸亏还有那么一点点幸运，让冷得令人窒息的生活里多了一点点色彩。婚后她认识了善良聪颖的邻家女韩西。韩西常常会在某个夜晚带上几张素笺，横竖撇捺，一笔笔向她请教。若是她又写了新词，必定第一个找到韩西，和她一起在叶片上写写画画，感受着那种微微的喜悦，总算，她的幽思慧情，有了些微寄托。

　　这一点点的温暖，减轻了生命不堪承受的重负，慰藉了以后无数个孤枕难眠的春夏秋冬。

　　当爱情已无能为力，友情，便成了唯一的慰藉。

　　所以，当那一天韩西离去，她无法克制地写下这首凄凉备至的送别诗，情哀词苦，二十余个叠字回环咏叹，便是易安再世也当避席。如此凄苦缠绵的感情，隐于字字句句之中，弦弦掩抑声声思。因为，这一去，她生命里唯一的微暖，也终于冻结成冰。

　　很多年以后，当年那个私塾里的读书人再度归来。在乡间的小径上再次邂逅昔年匆匆相逢的女孩，看她如今已长成眉目清扬、神态婉转的绝世佳人。然而，昔日所有的情感都已被双卿埋葬。当史震林提出要帮助双卿脱离悍夫恶姑的折磨时，她却说："田舍郎虽俗，乃能宛转相怜，何忍厌之，此生不愿识书生面矣！"此生不愿识书生面耳！如此决绝，如此坚定。她是这样一个深深被封建的枷锁禁锢的孱弱女子，生命中唯一一次解脱的希望，都被她决然地揉碎，义无反顾地选择继续忍受着无爱婚姻的虐待折磨，这般可怜，也是这般可悲！

可是，双卿不是无情人。她也曾有豆蔻年华，她也曾是妙龄怀春的少女。读着先人缱绻缠绵的辞章，怎能不心生一片向往？是的，她是心仪他的。尽管此身已轻许他人，她奋力想要忘记的初心却一直没有真正消逝，而是隐藏心房的最深处，不为人知，却一一清楚。

乾隆三年（1738年），史震林考上进士衣锦还乡，再次来到绡山村，伊人不见，却只看到一座冰冷的墓碑。直至这时，史震林才看到了双卿在最后的岁月里终于对他袒露的情愫——"终日思君泪空流，长安日远，一夜梦魂几度游。堪笑辛苦词客，也学村男村女，晨昏焚香三叩首。求上苍保佑，天边人功名就，早谐鸾俦。应忘却天涯憔悴，他生未卜，此生已休！"

今生缘尽，此身已轻许。这一生了无指望，不如归去天堂。爱情无望，友情远去，婚姻凄凉。书生红袖终不过是水月镜花，而薄命多才的双卿终于在精神和病魔的双重折磨下香消玉殒。而她对他的思念、祝福、凄切难言的情，却愈发清晰，在最后，时间依然败给了爱情。

后来，史震林穷尽毕生心力，将双卿的故事和诗稿写进《西青散记》之中。惜多才，怜薄命，无计可留卿，只好将这一切，尽付与红笺白纸，写下一腔断肠。

青山隐隐水迢迢，秋尽江南草未凋。长空下，是路过的才子,掩袖长啼。一页一页,是《西青散记》泛黄的纸页在风里飘散,慰藉那荒冢里凄凉的孤魂。

关秋芙：人间花事易阑珊

> 永兴寺老梅一枝，为前明冯祭酒手植。花时香雪濛濛，如缟衣仙人翩然尘世。吟咏其下，不知明月西斜矣。
>
> 楼上晚钟残，灯火更阑。一枝铜笛怨春寒。满地青苔仙羽冷，风起清坛。
>
> 花事易阑珊，春梦蒲团。相思人在碧云端。只有当时明月影，还到阑干。
>
> ——关秋芙《卖花声》

在细碎的流年里，我们总会铭记一些温情的瞬间，譬如古巷里袅袅升腾的炊烟，令人想起年少时母亲手中的暖暖羹汤。对于蒋坦来说，他的笔尖蘸着江南小城的墨色，流泻出淡如烟雨的清欢浅愁。

蒋坦，字平伯，号霭卿，浙江钱塘人，诸生，著有《息影庵初存诗集》等。他只是清代道光、咸丰年间一位普普通通的秀才，他生命的篇章也平淡得如同一首不事雕琢的诗歌，可是因着一篇《秋灯琐忆》，他和他的妻子秋芙，成为后人怀想的一对神仙眷侣。在他之前，有名动天下的公子冒襄，为爱妾、"秦淮八艳"之一的董小宛作《影梅庵忆语》；亦有出身名门的诗人陈裴之，为亡妾紫姬写下《香畹楼忆语》；可他的故事，却深深打动了平凡的人们。他的妻子关锳，字秋芙，是清末江南的闺阁才女。她不像董小宛那样风姿绰约，却如沈三白《浮生六记》中的芸娘一样，被林语堂称为"最可爱的女子"。

世间美好的感情若有许多种，那"青梅竹马"一定是其中令人艳羡的一种。与《浮生六记》中的沈复和芸娘一样，蒋坦和秋芙也是少小相识的表亲，彼时的蒋坦还是个少年："余未聘时，秋芙来余家，绕床弄梅，两无嫌猜。"很多年后，他还记得初见她时的衣着："秋芙衣葵绿衣，余著银红绣袍，肩随额齐，钗帽相傍。"这琐碎的细节，流转于心底，沉淀为他们光彩照人的初见。

新婚之夜，秋芙绾堕马髻，着红绡衣，灯烛影中，颜色如花。他们回忆着昔年的趣事，又生起联句的诗兴，秋芙才情不减蒋坦，欣然参与，等到檐月暧斜，邻钟徐动，他们才发觉已至清晨。

他们也和沈复夫妇一样，夫妻恩爱，抱守着高雅的艺术情趣。秋灯夜深，风雨如晦，相对谈心，似有说不完的话题。秋来风雨滴沥，秋芙所种芭蕉叶大成荫，在骤雨的敲打中，一叶叶，一声声，滴得人心魂俱碎。清晨雨过，蒋坦在芭蕉叶上题诗:"是谁多事种芭蕉,早也潇潇,晚也潇潇。"次日叶上续书几行:"是君心绪太无聊,种了芭蕉,又怨芭蕉。"小字清丽柔媚,正是秋芙笔法。妻子调侃的语气如在耳边,蒋坦会心一笑。

这一株芭蕉,长在秋芙和蒋坦的窗外,摇曳生情,千百年亦不减风情。

秋芙也爱下棋,眼看着棋局要输了,下不过夫君的她纵容膝上小狗搅乱棋盘,蒋坦非但没有怪罪,仍是宠溺地看着她:"而银烛荧荧,已照见桃花上颊矣。"小儿女的情态尽现纸上,仿佛烛影摇红中,娇美的少女羞红着脸颊,娇嗔地扑入恋人的怀抱。于是,暗红尘霎时雪亮,整个夜晚,整个庭院,都熠熠然,活色生香。

他们也爱呼朋唤友,明月之夜,月白风清,三五知己,花间清谈,恣意饮酒作诗绘画。在朋友们眼中,这是一对璧人——朗朗月光的秋夜,在两湖的秋荷之间,苏堤的第二桥下,秋芙鼓琴作《汉宫秋怨》,彼时山峦沉烟,星月在湖,琴声在指尖流淌,不知是天风沁水袭来,还是环佩玑瑢声响。桂子飘香的时节,他又带着她去虎跑泉上木樨树下烹茶品茗,临走时,折下数枝桂花,带回秋的讯息⋯⋯

秋风起时,他们沿着溪流到芦花荡深处的华坞佛寺问禅:"时残雪方晴,堂下绿梅,如尘梦初醒,玉齿粲然。"流香溪蜿蜒而过,藕香桥斜跨谷口,此处是杭州西溪最美的地方,他们甚至想在华坞修一处居所,聆听暮鼓晨钟,参悟世间纷纭。为了赏梅,他们相约游永兴寺,在永兴寺的老梅树下,秋芙写下《卖花声》，山与水，花与寺，结成了如仙如幻的禅境。风起清坛，花落无声，香雪迷蒙，清泠之境中的秋芙，平添起几分人世无常的感伤——"花事易阑珊，春梦蒲团。相思人在碧云端"，这一句仿佛诗谶，寓示着热春光终究冰凉，美好的时光将逝去，鹣鲽之情深，终会换来云水之别。

蒋坦的前半生，是宁静富有的。居于湖上数年，依靠父母补给，过着无忧无虑的生活。这优游养拙的岁月浸润着秀山丽水，平淡时光里的小确幸温柔而绵长。

"今去结缡又复十载，余与秋芙皆鬓有霜色，未知数年而后，更作何状？"都说婚姻是爱情的坟墓，但结缡十载，昔日绮年玉貌的一双人鬓间着了霜色，却仍如当初一般相亲相爱。谁能想到，秋芙在三十六岁那年溘然长逝，留下蒋坦一人，独守这尘世最刻骨的寂寞。

他把思念托付给燕子，犹如归有光把思念托付给那棵亭亭如盖的枇杷树。那些悲伤掩抑在岁月的疾走中，重重提起，轻轻放下，最后，也不过轻声问一句梁上燕——

去年燕来较迟，帘外桃花，已零落殆半。夜深巢泥忽倾，堕雏于地。秋芙惧为狗儿所攫，急收取之，且为钉竹片于梁，以承其巢。今年燕子复来，故巢犹在，绕屋呢喃，殆犹忆去年护雏人耶？

——《秋灯琐忆》

后来的蒋坦命途多舛，再也不复当年的风雅。咸丰十一年（1861年），太平军攻占杭州，围城二月有余，蒋坦颠沛流离，几经周折，最后饿死在流离途中。在他生命最后的几年里，子妾俱散，相继饿死。面对命运诡谲的变幻、残忍的生离与死别，这位手无缚鸡之力的书生只能以羸弱的身体硬扛，而那些水流云散的绚烂岁月，成为苍凉的命途中永恒的回响。

在有清一代的诗词史中，蒋坦大概连个三流诗人也排不上，连他散见的诗篇，都是靠《秋灯琐忆》而流传。可这短短的几首，却足以照见生生不灭的深情。秋芙死后，他反复修补着昔年的文字，想把亡妻的模样刻画得更清晰些，想把当年的故事再铭记得更深刻些，却让这篇流传后世的文字悲喜交加，令人难以考辨撰写的时年。

《秋灯琐忆》的收梢，是一个未完成的愿望——

> 数年而后，当与秋芙结庐华坞河渚间，夕梵晨钟，忏除慧业。花开之日，当并见弥陀，听无生之法。即或再堕人天，亦愿世世永为夫妇。明日为如来涅槃日，当持此誓，证明佛前。

人间花事易阑珊，相思人在碧云端，昔年秋芙之词早已悟得，只是真正面对，仍是分外艰难。这一世飘然如远行客，白驹过隙，倏然而已。那年华坞春景，已成绝唱。唯有将回忆与祈愿，折入心笺，留待来世重逢。或许，让秋芙过早辞世，不必亲历颠沛流离，避开战火硝烟，亦是上苍的另一种仁慈。

吕碧城：半笺娇恨寄幽怀

寒意透云帱，宝篆烟浮。夜深听雨小红楼。姹紫嫣红零落否？人替花愁。

临远怕凝眸，草腻波柔。隔帘咫尺是西洲。来日送春兼送别，花替人愁。

——吕碧城《浪淘沙》

很难想象，这样情致婉约的一首词，竟是那样雷厉风行的吕碧城所写。那个独行于世、清刚洒脱的傲世才女，也会有这样清秀幽独、婉转轻柔的词章。从未曾言过寂寞的她，也曾有过不遇良人的抒叹？

那是一个混乱的时代，人贱如尘，何况女子。素来不喜欢清末的硝烟，由不得人纵情风月，诗酒年华。可是隐隐烟火中，亦有人飒然风姿，火光漫不上她的裙裾，乌云盖不过她的光芒。

她生在大清王朝的尾端——光绪九年（1883年），那是怎样粗糙的年代,却打磨出如此颖慧精致的女子。"自幼即有才藻名,工诗文,善丹青,能治印,并娴音律,词尤著称于世,每有词作问世,远近争相传诵。"可是也许就是聪明误终身。那一年父亲病故,族人侵吞了家产,囚禁了母亲,小小的吕碧城挑起重担,给父亲的朋友和学生写信,四处求人告援,其中包括时任江宁布政使、两江总督的樊增祥。一时间各种压力纷纷来到安徽的各级政府,官员们不敢怠慢,囚禁多时的母亲得以脱险。但与碧城订婚的夫家却起了戒心:这样的媳妇日后过了门恐怕难以管教,于是辞了婚事。

不知是不是这样的变故留下了伤痕,终其一生,碧城也未成为别人的妻子。

然而,历史的洞口里总会不经意晃出那些风月的影子,比如她风华正茂的年纪里,遇见的两个人。

一个叫汪精卫,一个是梁启超。

皆是大名鼎鼎的才子,她是才情横溢美丽聪慧的才女,他们是时代风尖书写历史的人,原本这样的相遇会有好长一段故事,然而她终是太清高,不满于梁启超的年长又有家室,挑剔于汪精卫的年轻不够稳重。

碧城高傲,那是满世界都知道的事实。那还是十二岁的年纪,她就说出"辽海功名,恨不到青闺儿女,剩一腔豪兴,写入丹青闲寄"这般狂傲的言语,充满着初生牛犊的自信和勇敢,亦道出了她恨为女儿身的遗憾。而后她从未放弃抒"一腔豪兴"、展"辽海功名"的机会。1908年,光绪皇帝和慈禧太后先后而亡,举国动荡。她挥笔写下"排云深处,写婵娟一幅,翚衣耀羽,禁得兴亡千古恨,剑样英眉妩。屏蔽边疆,京垓金币,纤手轻输去,游魂地下,羞逢汉雉唐鹉"《百字令·排元殿清慈禧后画像》讽刺慈禧太后,一时间惊起千层浪,引起清政府的极端不满,成为人尽皆知的新闻。她好像浑身充满了力气,全然不怕各种势力的冲击,只凭着一身的才学和异人的勇气,便开始了一个人的战斗。

二十一岁到二十五岁,那栀子花般静美的青葱岁月,她担任《大公报》的主笔,锦绣文章频频面世,世人皆惊艳她的思想。"绛帷独拥人争羡,到处咸推吕碧城"便是她闻名天下的真实写照。连《大公报》的主编,都不得不叹服她的才情,在心里渐渐积累对她的欣赏和爱慕。

世局变幻。民国成立,袁世凯称帝,她搬进豪华大宅里,成为大总统的公府机要秘书。然后她渐渐看清袁世凯的真面目,那不是她要的海晏河清,复辟的故事怎能重演。她无畏无惧,毅然辞职,携母移居上海。她与外商合办贸易,财富日渐雄厚。于是她只身留学美国哥伦比亚大学,学成归国后不久再度出国,独自一人漫游欧美,写成《欧美漫游录》,内含大量描述西方风土人情的诗词,字字珠玑,脍炙人口,传诵一时……

她的故事太多,那么激昂,那么澎湃,恍如一首激烈的奏鸣曲。青春年华,她挥斥书生意气,也曾邂逅多少青年才俊,然而她终于没有为谁停留,一身的傲气和铁骨,始终相随,未曾改变退让过半分。

那些人，她经过，看过，也许爱过，或者恨过，却最终走过。

及至晚年，她毅然皈依三宝，内心平静，恍如莲花。她像一个通达世事的智者，安然走过生命最后的时光。

她仿佛真的是一个不需要故事的女人，不需要情爱粉饰的女人，她的独曲奏得铿锵有致，她一个人，也能把自己的故事写得源远流长。

可是，她终是孤独的。

尽管，谁也看不见她的孤独。

但，这首掩盖在浩瀚辞海里的《浪淘沙》，却终于得以微弱地低语着幽独的惆怅。

寒意微侵，夜深听雨，就在这微冷且有小雨的夜晚，她静静地坐在小红楼里，感叹着"姹紫嫣红零落否"，这样的句子，总不禁令人想起李清照"知否？知否？应是绿肥红瘦"的词句，或是黛玉《葬花吟》里那句凄怜哽咽的"花谢花飞花满天，红消香断有谁怜？"原来她也曾似伤春少女见不得花落花残、花谢花飞，看不得朝晴暮雪、红颜白发。这样婉转的情思，只有柔软多情的少女才会有啊。

不多的言语，却勾勒出分离的惆怅。然而这种惆怅亦是深敛的，绝不如"执手相看泪眼，竟无语凝噎"那般汹涌激烈。她的情感如丝，愁亦淡淡，只是"人替花愁""花替人愁"八字，点出了那绵远的、悠长的哀愁。不知是谁的远去，触到了她的情肠，那样坚强独立的她，竟然也似深闺女子，害怕凝眸送别。也不知是谁的离开，竟让她想到西洲那样美丽浪漫的爱情圣地,青梅和竹马,曾那么美。

她有很多如男子般格调高扬的诗章,可我却独爱这一首婉转的小情歌,哀而不伤,怅而不恸,这才是吕碧城,一生漫长激扬的奏鸣曲里最柔软温暖的一段,用半笺写下,一片幽怀。

后记

本书三十二篇文章，最早的写于十一二年前，那时十八九岁，少年心性，对爱情和文学抱有最纯粹的深情，颇有"少年听雨歌楼上，红烛昏罗帐"的风流蕴藉。所幸得到几本期刊的赏识，其中写左棻、姚玉京、千金公主、黄妃、戴复古妻、孟蕴、俞二娘、徐灿、吴藻、吕碧城、珠帘秀的十一篇陆续发表在《传奇故事·百家讲坛》《国学》《青春美文》等刊物上，极大地鼓舞了当时的我。此次收录，又做了一番修订。犹记得《传奇故事·百家讲坛》的编辑惜墨（吴孔峰），是他的提携令我成为该刊"诗心·词意"的专栏作者，给予这些文章发表的机会。我们从未见过面，却引为文字之交。这也成为我写作本书的缘起。

余下二十多篇，则是近几年来陆续写作而成。进入博士阶段学习后，由于科研任务繁重，我曾视为生命的文学创作也成为了"余事"，只有在完成了学术工作后才有片刻的时间来写作。再后来我从事学术研究，这些情感丰沛的性情文字只能尘封案底。幸得万卷社朱婷婷老师的赏识，才得以将这十余年间稚嫩而浪漫的少女情怀付诸纸上，结集出版。

翻检梳理旧时文字，黄景仁《感旧》诗中说"别后相思空一水，重来回首已三生"，似乎格外能表达我的心情。而黄庭坚的"桃李春风一杯酒，江湖夜雨十年灯"则颇能形容这些年蓬转萍飘的岁月。写作一直是我心底的梦想，我始终觉得文学和我缘分深重，此生决不能与之分离。因着内心不灭的一点星光，我孜孜以求，终于也走到了"离文学最近"的位置。然而，我开始经历一个文艺爱好者到一个文学研究者的身份转变，其间挣扎、失落、矛盾与迷茫，起伏错落，最终得以融合自洽。人这一生，在经历了桃花夭夭的青春芳华后，必然要走入落英缤纷的秋实时节，从一朵花变成一只果子，根茎还在，形貌却早已不同。

但所幸的是，无论经历过多少扑面而来的风尘，我仍旧爱着落笔生情的文字表达，沉浸于写作的自足与欢喜，可以令人不惧日月风霜。

感谢生命中所有喜欢过我的文字的人，是你们的鼓舞让我一直坚持书写。感谢我的导师张海鸥教授，他用诗人般的性情照亮了我的文学与学术生涯，让我有勇气和动力继续书写着"风神摇曳"的情怀。感谢我的妈妈和姥姥，她们用智慧与温柔指引我前进的方向，为我守候生命的归途，拂去岁月的轻霜。感谢我的先生，他是我每一篇文字的第一个读者，也是相知相惜的尘世知己。从少女时代写到为人妻母，也要感谢我的女儿小棉花，她的到来，令我从少年意气走向温润成熟。

以一首小词来总结本书吧：

小字红笺自写真，秋波已去尚销魂。千秋风月谁人共，一霎芳华著此身。

歌窈窕，赋青春。深情莫负惜花人。今生只恨相怜晚，夜夜空翻纸上尘。

——《鹧鸪天》

彭敏哲于青岛

2024年1月8日